KB267550

≪일상 복음≫(*Everyday Gospel*) 추천사

폴 트립의 ≪일상 복음≫은 경이롭다. 문장이 탁월하고, 명쾌하며, 간결하고, 그리스도를 드높이며, 하나님의 말씀에 충실하고, 깊이 생각하게 하며, 용기를 북돋우고, 복음의 은혜가 넘친다. 문장마다 진리가 메아리친다. 하나님의 생명과 인자하심을 날마다 누리고 싶다면 이 책을 먹어라.

랜디 알콘
≪헤븐≫(요단), ≪악의 문제 바로 알기≫(두란노)
≪천국 보화의 원리≫(생명의 말씀사)의 저자

영적 자양분이 넘쳐나는 묵상집이며, 우리가 폴 트립에게 기대하는 전부를 담고 있다. 우리 앞에 놓인 성경의 깊은 진리와 우리 내면의 깊은 곳을 지혜롭게 연결하며, 늘 복음의 소망을 풍긴다. 폴 트립의 인도를 따라 날마다 성경을 탐구하는 이에게, 용기와 생명을 얻는 여정이 될 것이다.

데인 오틀런드
일리노이즈주 네이퍼빌 장로교회 담임 목사
≪온유하고 겸손하니≫(개혁된 실천사) 저자

≪폴 트립의 은혜 묵상≫(생명의 말씀사)이 수년 째 우리 집 거실
의 테이블에 놓여 있다. 이 묵상집도 곧 그곳에 있게 될 것이다.
당신도 이렇게 하길 권한다.

팀 챌리스
≪믿음의 위인을 키운 경건한 어머니들≫(생명의 말씀사)의 저자

나는 매일 복음이 필요하다. 단지 복음을 스치듯 보는 것이 아
니라 성경 전체에 계시된 복음의 온전한 깊이와 아름다움을 보
아야 한다. 이것이 내가 이 묵상집을 사랑하는 이유다. 폴 트립
은 영원한 복음의 진리를 에두르지 않고 마음에 곧장 새겨주며,
어떻게 복음의 빛 가운데 살아야 하는지 보여준다. 많은 사람이
이 묵상집을 잘 활용해 날마다 예수님의 복음을 따라 살길 바
란다.

제레미 트리트
캘리포니아주 LA 리얼리티교회 설교 및 비전 담당 목사
비올라 대학교 신학교수
≪속죄 입문≫(부흥과 개혁사)의 저자

폴 트립
부활 복음 묵상

예수 사셨네

일러두기

- 본서는 저자의 365일 묵상집 《일상 복음》(*Everyday Gospel*)에서
  선별된 30개의 묵상으로 구성되었다.
- 인용된 한글 성경은 대한성서공회에서 발행한
  개역개정판이다.

Everyday Gospel Easter Devotional
© 2026 by Paul David Tripp

Published by Crossway
a publishing ministry of Good News Publishers
Wheaton, Illinois 60187, U.S.A.

This edition published by arrangement
with Crossway.

Korean translation edition © 2026 by ABBA BOOK HOUSE,
Republic of Korea

———

EVERYDAY GOSPEL
Easter Devotional

폴 트립 부활 복음 묵상

예수 사셨네

폴 트립 지음
전의우 옮김

아바서원

차례

16일   예레미야 50:8-20

17일   예레미야 애가 3:19-26

18일   에스겔 37:1-14

19일   나훔 1:1-8

20일   스가랴 9:9-17

21일   요한복음 11:17-44

22일   시편 51:1-19

23일   마태복음 26:14-29

24일   요한복음 17:1-26

25일   누가복음 22:31-62

26일   누가복음 23:1-25

27일   마가복음 15:19-32

28일   마태복음 27:45-54

29일   시편 22:1-31

30일   요한계시록 19:1-16

이런 생각을 해보았는지 모르겠지만, 성경 전체가 부활절 묵상집이다. 창세기부터 요한계시록까지, 성경은 하나님의 계획을 들려준다. 그것은 죄가 낳은 죽음의 비극에서 우리를 구원하려는 하나님의 계획이다. 이것이 성경 계시의 핵심이다. 성경의 모든 극적인 사건과 실패처럼 보이는 모든 순간에도, 성경 이야기가 메시아 예수의 탄생과 삶과 죽음과 부활을 향해, 왕이요 제사장이신 그분의 승천을 향해 나아가는 길을 그 무엇도 막지 못한다.

수천 년 동안, 하나님은 우리를 위해 이 놀라운 이야기를 기록하고 보존하셨다. 우리를 사랑하시기 때문이다. 하나님은 이 이야기가 우리의 이야기라는 것을 우리가 깨닫길 원하시며, 이것을 깨달아 경외와 경이에 잠겨 무릎 꿇고 경배하며 찬양하길 원하시고, 감사와 사랑과 헌신의 삶을 살길 원하신다. 처음부터 끝까지, 성경은 부활절 이야기다. 그러나 이것은 성경을 종교 정보로 받아들이라는 뜻이 아니다. 성경을 추상적 신학 정보로 대하라는 뜻도 아니다. 하나님이 우리를 위해 자신의 은혜 이야기를 보존하신 목적이 있다. 우리의 마음과 삶이 변화되는 것이다. 이 이야기는 생명을 주고 우리를 변화시키는 능력, 곧 인간 이해와 동기부여와 행동 방식을 근본부터 변화시키는 능력이다. 성경의 부활절 이야기를 처음부터 끝까지 다 읽고도 변화되지 않는다면, 눈이 심하게 멀고 영혼이 심하게 길을 잃은 것이다. 그 어떤 이야기도 이 이야기가 하는 일을 할 능력이 없다. 그 어떤 이야기에도 예수님 같은 주인공이 없기 때문이다. 예수님은 인자(사람의 아들)요 하나님의 아들이며 메시아다. 예수님은 전능하신 하나님이지만, 이 땅에 종으로 오셔서 자신을 믿는 모두를 위해 자신의 생명을 대속물로 내어주셨다.

부활절 이야기는 우리로 마주하게 하고, 우리를 속속들이 드러내며, 우리를 위로하고, 우리의 신분을 정의하며, 우리에게 동기를 부여하고, 우리를 굳건하게 하기 위한 것이다.

우리로 마주하게 한다. 부활절 이야기는 이렇게 작동한다. 즉, 그 이야기 안에 담긴 나쁜 소식을 받아들이지 않으면, 그 좋은 소식은 우리에게 아무 의미가 없다는 것이다.

부활절 이야기는 우리로 벗어날 수 없는 진리, 곧 우리가 괜찮지 않다는 사실을 마주하게 한다. 성경은 하나님의 은혜 밖에 있던 우리를 묘사할 때 '길 잃은 자'(lost), '눈먼 자'(blind), '악한 자'(wicked), '반역자'(rebels), '우상숭배자'(idolaters), '어리석은 자'(fools), '범죄자'(transgressors)를 비롯해 이와 비슷한 단어들을 사용한다. 그다지 매력적인 어휘들이 아니다. 어느 하나라도 우리에게 해당한다면, 우리는 스스로에게 위험한 존재이며, 사나 죽으나 우리의 유일한 소망은 자신에게서 구출되는 것뿐이다. 부활절 이야기는 이러한 구출 이야기다. 하나님은 우리를 사랑하기 때문에 우리로 마주하게 하신다.

우리를 속속들이 드러낸다. 부활절 이야기는 거대한 영적 거울이다. 집마다 하나쯤 있는 거울처럼, 이것도 섬뜩할 만큼 정밀하다. 부활절 이야기라는 거울을 들여다보라. 자신이 참으로 어떤 존재인지 보인다. 부활절 이야기는 우리가 참으로 어떤 존재인지를 도무지 부정할 수 없게 하고, 스스로 보기에 괜찮다는 우리의 주장에 재갈을 물리며, 우리의 의가 하나님 앞에서 충분하다는 희망을 산산이 짓밟는다. 하나님은 우리를 사랑하시기 때문에 우리를 속속들이 드러내신다.

우리를 위로한다. 마주하게 되고 속속들이 드러난 사람에게는 위로가 필요하다. 부활절 이야기의 위로는 감언이설이 아니라 대속(代贖)에 그 뿌리를 두고 있다. 하나님은 우리가 스스로에 대해 괜찮게 느끼도록 일하지 않으신다. 그게 아니다. 하나님은 우리를 대신하러 오셨다. 그분은 우리가 절대로 살지 못할 의로운 삶을 사셨고, 우리 대신 죗값을 치르셨다. 죄와 사망을 이기시고 다시 살아나셨고, 아버지께로 올라가 지금도 우리를 위해 간구하신다. 부활절 이야기의 위로는 한 인격체, 곧 예수님이다. 하나님은 우리를 사랑하기 때문에 우리를 위로하신다.

우리의 신분을 정의한다. 부활절 이야기에서, 하나님은 단지 우리를 용서하시는 것에 그치지 않으시고, 우리에게 완전히 새로운 신분을 주신다. 더는 우리의 이력, 우리의 어리석음, 우리의 무능력, 우리의 약함, 우리의 죄가 우리를 규정하지 않는다. 우리는 이제 "그리스도 안에" 있기 때문이다. 그리스도 안에서 우리는 모든 영원한 복을 받고, 필요한 모든 것을 공급받으며, 능력 주시는 성령께서 우리 안에 거하신다. 우리는 하나님의 새로운 피조물이며, 그 무엇도 우리를 그분의 사랑에서 끊을 수 없다. 이제 우리는 이런 존재다. 하나님이 우리에게 완전히 새로운 신분을 주심은 우리를 사랑하시기 때문이다.

우리에게 동기를 부여한다. 부활절 이야기만큼 목적을 불어넣고, 능력을 주며, 동기를 부여하는 이야기는 없다. 이 사실을 생각해 보라. 하나님의 주권적 계획 안에서, 우리의 하찮은 이야기가 역사상 가장 놀라운 이야기에 포함되었다. 이 때문에, 우리의 삶에서 모든 것이 새로운 의미와 목적을 갖는다. 우리는 이제 당당한 구원 군대의 일원이며, 우리의 선택과 결정과 말과 행동이 이전과 전혀 다르게 중요해졌다. 우리는 이제 용기와 소망을 품고 살 수 있다. 예수님이 우리를 대신해 죄와 사망을 이기셨기 때문이다. 더 이상 무엇이 두렵겠는가? 하나님은 우리를 사랑하시기 때문에 그분의 은혜로 우리에게 살아갈 동기를 부여하신다.

우리를 굳건하게 한다. 예수님의 첫째 부활은 모든 믿는 자에게 둘째 부활을 약속한다. 하나님의 자녀가 하나도 빠짐없이 부활해 고난과 죽음이 가득한 악한 세상을 떠날 때, 모든 눈물이 다 마를 때, 우리가 평화와 의의 세상에서 주님과 영원히 함께할 때, 마침내 이 이야기는 끝날 것이다. 하나님은 우리를 사랑하시기 때문에 우리의 운명을 굳건하게 하신다.

그러므로 부활절을 앞두고, 시간을 내어 장엄한 하나님의 이야기, 곧 하나님이 은혜로 우리를 구속하시는 이야기를 묵상하고 그 안에서 마음껏 안식하라. 그저 정보를 얻는 데 만족하지 말라. 당신이 부활절 이야기를 통해 다시 한번 변화되게 해 주시길 기도하라. 부활절 이야기가 당신을 위해 보존된 것은 당신의 주님이 참으로 당신을 사랑하시기 때문이다.

2025년 6월 24일
폴 데이비드 트립

1일

—

창세기 6:1-8

**구속은 죄를 향한 하나님의 진노와
죄인을 향한 하나님의 은혜가 만나는 지점이다.**

우리는 자신의 죄를 대수롭지 않게 여기기 쉽다. 다른 사람들의 죄에는 더 관심을 두거나 화를 내면서도, 정작 자신의 죄에는 무감각해지기 쉽다. 다른 사람들의 죄를 판단하고 정죄하면서 자신의 의를 주장하기 쉽다. 그러나 자신의 죄를 가볍게 여긴다면, 용서하고 화해시키며 변화를 일으키고 자유하게 하는 하나님의 은혜를 더는 소중하게 여기지도, 애써 구하지도, 기뻐하지도 않을 것이다. 죄와 마주할 때 자신을 변호한다면, 당신은 지금껏 주어졌고 앞으로도 주어질 최고의 선물, 곧 구속의 은혜를 뿌리치는 것이다.

성경 한 단락이 죄의 죄성을 아주 잘 표현한다. 창

조주께서 죄가 자신의 세상과 자신의 형상대로 지은 인간에게 끼친 해악을 한탄하며 말씀하신다.

> 여호와께서 사람의 죄악이 세상에 가득함과 그의 마음으로 생각하는 모든 계획이 항상 악할 뿐임을 보시고 땅 위에 사람 지으셨음을 한탄하사 마음에 근심하시고 이르시되 내가 창조한 사람을 내가 지면에서 쓸어버리되 사람으로부터 가축과 기는 것과 공중의 새까지 그리하리니 이는 내가 그것들을 지었음을 한탄함이니라 하시니라. (창 6:5-7)

죄의 무서운 본성을 통렬하게 설명한다. "그의 마음으로 생각하는 모든 계획이 항상 악할 뿐"이다. 마음은 인격체의 통제실이다. 그러므로 마음으로 생각하는 모든 계획이 항상 악하다는 것은 죄가 사람들의 삶을 완전히 통제하고 있을 뿐 아니라, 이 통제에서 벗어날 수 없게 지배한다는 뜻이다. 죄가 얼마나 심각한가? 죄는 숨 쉬는 모든 사람의 마음속에 자리 잡은, 결코 벗어날 수 없는 악이다. 지금 멈추어 애통하라. 하나님이 죄를 향해 품으시는 진노의 능력에 전율하라. 그 진노가 얼마나 깊은지, 하나님은 지면에서 사람을 모조리 쓸어버리기로 결단하셨다. 오늘, 세상에 존재하셨고 완전하게 거룩하셨던 단 한 분, 곧 예수님의 눈에 죄가 얼마나 추악한지를 기억하라.

성경 이야기가 여기서 끝난다면 너무나 비참했을 것이다. 창세기 6:7 다음에 이어지는 첫 단어는 '그러나'이다. 심판이 이야기의 끝이 아니었다. 하나님은 죄를 가볍게 여기지 않으셨고, 죄악에 등을 돌리지도 않으셨다. 노아를 통해, 하나님은 그분의 자비를 확대하셨고 언약 백성들을 모으셨으며, 이들을 통해 한 구속자(redeemer)를 일으키셨다.

노아 이야기에서, 죄를 향한 하나님의 진노와 죄인들을 향한 하나님의 자비가 만난다. 여기서 도래할 십자가에 대한 암시를 발견한다. 죄를 향한 하나님의 진노가 예수님을 십자가로 내몰았다. 죄인들을 향한 하나님의 은혜가 예수님을 십자로 이끌었다. 예수 그리스도의 십자가에서, 죄를 향한 하나님의 진노와 죄인들을 향한 하나님의 은혜가 만났으며, 지금도 이 사실은 가장 좋은 소식이다.

묵상

지금 당신의 삶에, 당신이 대수롭지 않게 여기거나 숨기려는 죄가 있는가? 있다면, 그 죄를 하나님께 자백하고, 예수님의 구속의 은혜를 상기하라.

기도

주님, 내가 나의 죄를 대수롭게 여기지 않도록 도와주십시오. 내가 어떻게 주님의 법을 어기고 주님의 경계를 넘어섰는지 보여주십시오. 우리의 구속자 예수님을 보내어 나를 비롯해 그분을 믿고 의지하는 모두를 구원하시는 주님을 찬양합니다. 예수님의 이름으로 기도합니다. 아멘.

2일

—

창세기 22:1-14

**삶이 도무지 이해되지 않을 때라도,
우리에게 소망이나 도움이 없는 것이 아니다.
우리는 하나님의 자녀이기 때문이다.**

나는 2년 사이에 여섯 번째 수술을 앞두고 있었다. 나에게 그 순간은 이성적으로 납득되지 않는 시간이었다. 삶이 도무지 이해되지 않았다. 이번 수술은 이전 수술들보다 훨씬 힘들고 고통스러울 터였고, 회복 시간도 더 많이 필요했다. 4개월마다 수술을 받으면, 몸이 회복될 시간도 없이 다음 수술을 받아야 한다. 내 몸은 쇠약할 대로 쇠약했고 지칠 대로 지쳐 있었다. 잠을 제대로 자지 못했고, 기운이 없어 하루하루를 간신히 버텼다. 그런데 바로 그때, 이전에 경험하지 못했던 가장 놀라운 사역 기회가 찾아왔다. 복음이 내가 생각했던 것보다 훨씬 크게 나를 통해 영향력을 발휘할 기회였다. 주위를 둘러보니, 복음을 설명하고 적용할 곳이 아주 많았다. 그러나 나는 힘이 없었다. 내가 가장 크게 사역할 수 있는 순간인데 정작 몸이 약해 부르심과 은사를 받은 일을 할 수 없다니, 이해가 되지 않았다. 하나님은 어디 계셨던 것일까? 그분은 무엇을 하고 계셨던 것일까? 이 순간을 위해 그분은 내게 무엇을 주셨을까?

아브라함의 삶도 다르지 않았다. 기적처럼 아들 이삭이 태어났다. 하나님이 약속을 지키셨다. 그러나 이제 이야기는 충격적인 반전을 맞는다. 하나님이 아브라함에게 약속의 아들을 제물로 바치라고 하셨다(창 22장). 잔인하기 이를 데 없는 장난 같았다. 희망을 주기가 무섭게 빼앗는다. 도무지 이해되지 않는 삶이다. 이 이야기를 다시 들려주면서, 히브리서는 하나님이 아브라함을 시험하셨다고 말한다(히 11:17-19). 아브라함이 통과하거나 떨어지는 시험이 아니었다. 금속을 더 강하게 하려고 고온에 가열하는 제련 작업 같았다. 아브라함에게 이삭을 제물로 바치라고 요구하실 때, 하나님은 그에게서 무언가를 빼앗기 위해서가 아니라 그를 '위해' 놀라운 일을 행하고 계셨다. 하나님은 어떤 상황에서도 순종하려는 아브라함의 의지를 증명함으로 그의 믿음을 세우고 계셨다. 그리고 절박한 순간에 필요를 채우시는 하나님의 신실하심을 경험할 기회를 아브라함에게 주셨다.

언약을 세우시고 그 언약을 지키시는 하나님의 관점에서, 이처럼 도무지 이해되지 않아 보이던 순간은 아브라함을 비롯해 그를 통해 복을 받게 될 모두를 위한 하나님의 계획 속에서 매우 분명하고 의미 있는 부분이었다. 그리고 이 어려운 순간에도 아브라함에게 소망이나 도움이 없었던 것이 아님을 반드시 기억해야 한다. 아브라함은 언약의 아들이었기에, 삶을 변화시키는 강력한 보화를 소유하고 있었다. 그에게 무엇이 있었는가? 그는 분명한 하나님의 명령이 있었고, 분명한 하나님의 약속이 있었으며, 하나님의 임재라는 복을 누리고 있었고, 하나님의 무한한 능력을 경험하는 복을 받았다. 아브라함은 혼자가 아니었기 때문에 도움이나 소망이 끊어지지 않았다.

이삭이 제물이 될 뻔했던 이야기는 우리의 시선이 또 다른 약속의 아들, 스스로 제물이 되신 분을 향하게 한다. 이 아들은 우리 역시 필요한 순간마다 하나님의 임재와 능력, 명령과 약속으로 복을 누릴 수 있도록 죽으셨다. 그래서 삶이 도무지 이해되지 않을 때라도 우리는 늘 도우심을 받고 소망을 잃지 않게 되었다.

묵상

어떤 의미에서 이 사건은 아브라함에게 "시험"이었는가? 아브라함은 어떻게 이 시험을 통과했는가? 하나님은 실제로 아브라함이 이삭을 죽이게 하실 작정이셨는가?

기도

하나님, 내가 하나님의 명령과 하나님의 약속과 하나님의 임재를 단단히 붙잡도록 도와주십시오. 내가 절대로 혼자가 아님을 일깨우시고, 성령님의 사랑으로 나를 감싸주십시오. 그리스도의 이름으로 기도합니다. 아멘.

3일

출애굽기 7:1-7

**성경의 구속 이야기만큼 우리를 겸손하게 하고,
아름다우며, 소망을 불어넣는 이야기는 없다.**

누군가 성경이 무엇에 관한 책인지 물으면, 당신은 어떻게 답하겠는가? 하나님의 말씀의 내용을 어떻게 묘사하겠는가? 사람들에게 뭐라고 말하며 성경이 인류 역사상 기록된 가장 중요한 책이라고 설득하겠는가? 성경은 단순한 역사책도, 신학책도, 실생활의 지혜를 담은 책도, 어려울 때 희망을 주는 책만도 아니다. 성경은 본질적으로 '처음부터 끝까지'를 들려주는 웅장한 서사다. 성경은 하나님의 이야기이며, 여기에 그분의 설명과 적용이 추가된다. 하나의 큰 주제가 성경의 다양한 부분과 다양한 문학 장르를 하나로 묶는다. 이 주제는 구속(redemption, 구원)이다. 성경은 모든 사람에 필요한 단 하나, 곧 구속을 주려고 하나님이 자신의 능력을 풀어놓으시는 이야기다. 우리는 단지 삶의 시련이나 우리의 부족함이나 연약함으로부터 구속받아야 하는 것이 아니다. 그게 아니다. 우리의 죄로부터 구속받아야 한다. 하나님이 구속의 은혜와 능력을 베푸시는 주 대상은 우리 밖에 있는 무엇이 아니라 우리 안에 자리 잡고 있는 어둡고 파괴적인 무엇이다.

성경 이야기는 하나님이 구속의 능력을 드러내시는 순간들로 가득하며, 하나님의 계획은 죄가 최종적으로 완전히 패배하고 평화와 의가 온 땅을 영원히 다스릴 때까지 진행된다.

이스라엘이 애굽으로부터 해방된 사건은 이러한 구속의 순간들 가운데 하나다. 이스라엘 자녀들은 애굽에서 소멸될 수 없었다. 메시아가 애굽에서 나와 선택된 하나님의 자녀들을 최종적으로 구속해야 했기 때문이다(호 11:1을 보라). 하나님은 간담을 서늘하게 하는 열 재앙을 애굽에 내림으로써 창조 세계의 모든 영역에 대한 자신의 주권을 드러내신다. 하나님은 언약을 지키시는 왕이며, 자녀들을 해방하기 위해 헤아릴 수 없는 능력으로 필요하다면 무엇이든 행하신다. 이렇게 전능한 능력을 드러내시는 데서 알 수 있듯이, 하나님은 약속을 절대로 저버리지 않으실 것이다. 하나님은 그분의 뜻을 이루실 것이다(출 12:33-42).

우리는 하나님의 능력과 통치의 경륜이 이렇듯 물리적으로 놀랍게 드러난 일의 증인이 되어 이렇게 물어야 한다. "우리 하나님 같은 신이 어디 있는가? 하나님처럼 자신의 자녀들을 사랑하는 이가 어디 있는가? 우리 하나님처럼 신실한 분이 어디 있는가?" 하나님의 능력, 곧 구속의 자비가 여기서 생생하게 드러난다. 우리는 이 광경 앞에 서서 경외심을 느끼며 꼭 기억해야 한다. 이 순간, 하나님은 단지 이스라엘을 애굽의 종살이에서 구속하시려는 것이 아니라 우리를 죄의 종살이에서 구속하기 위해 역사하고 계신다는 사실이다. 이스라엘이 애굽에서 구속되어 약속의 땅으로 인도되지 않았다면, 베들레헴에 태어나 완벽하게 의로운 삶을 살고 대속의 죽음을 맞으며 죄와 사망을 이기고 부활하신 메시아도 없었을 것이다. 구약성경의 모든 구속의 순간은 단지 그 당시 사람들만을 위한 것이 아니라 우리를 위한 것이기도 하다. 매 순간, 하나님은 창세기 3장에서 하신 약속, 구속자를 보내 뱀의 머리를 짓이기고 죄와 사망을 이기게 하겠다는 약속을 성취하고 계셨다. 열 재앙 이야기는 우리의 이야기다. 구속의 은혜는 그때 그곳의 이스라엘만을 위한 것이 아니라, 바로 지금 이곳에 있는 우리를 위한 것이다.

묵상

하나님이 어떻게 당신을 종살이로부터 구속하셨는가? 이러한 구속 때문에, 당신이 일상에서 죄와 맞서는 싸움이 어떻게 달라지는가?

기도

주님, 구속의 은혜를 베푸시는 주님을 찬양합니다. 자격 없는 주님의 백성에게 긍휼과 인자를 베푸시는 주님을 경외합니다. 예수님 안에서 나를 받아주셔서 감사합니다. 예수님의 이름으로 기도합니다. 아멘.

4일

—

출애굽기 12:1-13

**성경 이야기는 급진적이며 예상을 빗나간다.
그 핵심은 이스라엘 백성이 애굽에서 품었던 소망과
오늘날 우리가 품은 소망이 모두
어린양의 어깨에 놓여 있다는 사실이다.**

성경은 하나님의 길은 우리의 길과 다르고 하나님의 생각은 우리의 생각과 다르다고 말한다(사 55:8). 아주 절제된 표현이다. 아무리 뛰어나고 똑똑하며 경험이 풍부하더라도, 그 어떤 인간도 장엄한 성경 이야기를 쓸 수 없었을 것이다. 하나님이 일하시는 방식과 사용하시는 도구를 볼 때마다, 우리는 놀라고 또 놀란다. 사도 바울은 이것을 이렇게 표현한다. "하나님께서 세상의 미련한 것들을 택하사 지혜 있는 자들을 부끄럽게 하려 하시고 세상의 약한 것들을 택하사 강한 것들을 부끄럽게 하려 하시며 하나님께서 세상의 천한 것들과 멸시받는 것들과 없는 것들을 택하사 있는 것들을 폐하려 하시나니 이는 아무 육체도 하나님 앞에서 자랑하지 못하게 하려 하심이라"(고전 1:27-29). 하나님은 인간이 이해할 수 없고, 설명할 수 없으며, 공로를 자신에게 돌릴 수 없는 방식으로 의도적으로 일하신다. 하나님은 우리가 한 걸음 물러나 "오직 하나님만 하실 수 있었던 일이야!"라고 고백하게 하신다. 그리고 그 고백 속에서 우리는 오직 그분만 주실 수 있는 도움을 구하며, 겸손하게 그분께 달려가게 된다.

이것이 바로 하나님이 택하신 자녀들을 마침내 애굽에서 해방하신 이야기다. 바로(파라오)는 다양한 재앙의 공포를 마주하고도 꺾이지 않고 저항했다. 그런데도 하나님은 지치지 않으셨으며, 자신이 언약의 약속을 한 백성에게 등을 돌리지 않으셨다. 이들을 반드시 구해내실 것이었다. 그 누구도 만왕의 왕이요 만주의 주께서 품으신 신성하고 거룩한 뜻을 막지 못했으며, 지상의 가장 강력한 통치자라도 그러지 못했다. 그러나 자신들이 어떤 방식으로 자유를 얻게 될지, 이스라엘의 그 누구도 예상할 수 없었다. 하나님의 지혜와 거룩한 계획에 따라, 이스라엘은 어린양의 피로 도살자에게서 구원받고 속박에서 풀려났다. 이 피, 곧 이스라엘의 문설주에 뿌려진 어린양의 피는 하나님이 그 집을 넘어가시리라는 뜻이었다. 하나님은 비천하지만 흠없는 어린양(lamb)을 선택해 언약의 자녀들을 죽음에서 구원하셨을 뿐 아니라 이들을 해방해 새 생명을 얻게 하셨다(출 12:3-7).

　우리의 소망도 어린양의 어깨에 놓여 있다. 예수님은 인간의 나라를 뒤엎을 정복하는 장수로 오시지 않았다. 그게 아니다. 예수님은 희생 제물인 어린양으로 오셨다. 그분은 흠없는 어린양으로서, 그분을 믿는 모두의 구원과 해방을 위해 제물이 되셨다. 그분이 흘리신 피의 능력으로, 우리는 죄와 사망의 속박에서 해방되어 하나님의 자녀로서 자유롭고 새로운 삶을 얻었다. 우리는 이런 이야기를 절대로 쓸 수 없다. 죽음이 생명에 이르는 문이 되고, 하나님이 어린양을 보내 왕들과 여왕들과 장수들이 절대로 할 수 없었을 일을 하게 하시리라는 것을 우리는 전혀 예상하지 못했을 것이다. 이것은 급진적 이야기다. 그러나 정말이지 너무나 좋은 소식이다.

묵상

왜 우리의 죄를 위한 예수님의 죽음이 "오직 하나님만 하실 수 있었던 일"인가?

기도

주님, 내가 주님을 구하며 주님의 이름을 부릅니다. 나의 죄를 용서하시고 나를 불쌍히 여겨 주십시오. 주님을 찬양합니다. 주님의 생각과 길이 나의 생각과 길보다 무한히 지혜롭고 선합니다. 주님의 아들을 나의 죄를 위한 희생제물로 보내주셔서 감사합니다. 오직 그분만이 나의 위로와 소망이 되게 해 주십시오. 예수님의 이름으로 기도합니다. 아멘.

5일

—

출애굽기 25:1-9

"내가 내 백성 가운데 거하리라."
이 말씀에 참되고 영원한 소망이 있다.

집 꾸미기에 관한 웹사이트와 대중매체 시리즈물이 넘쳐난다. 의식하든 그렇지 않든, 우리는 자신의 집을 어떻게 꾸미고 싶은지에 대해 분명한 취향을 가지고 있다. 어떤 사람들은 집의 외양을 매우 중요하게 생각해 많은 돈과 시간을 들여 꿈에 그리던 모습으로 꾸민다. 반면 주변 환경에 다소 무관심한 이들도 있다. 깔끔함과 정돈된 상태에 높은 가치를 두는 이들이 있는가 하면, 조금 어수선한 것을 더 편하게 느끼는 이들도 있다. 그러나 분명한 것은 누구나 주변을 꾸미고 가꾸는 방식을 통해 자신의 성격과 가치를 드러낸다는 사실이다. 이런 까닭에, 다른 사람의 집에 있을 때는 내

집처럼 썩 편하다고 느끼지 못한다.

출애굽기 25장을 비롯해 이어지는 여러 장에서, 가장 중요한 집을 세우고 꾸미는 것에 대한 지침이 나온다. 가장 중요한 집이란 하나님의 집이다. 놀라운 말씀을 주의 깊게 읽어보라. "내가 그들 중에 거할 성소를 그들이 나를 위하여 짓되 무릇 내가 네게 보이는 모양대로 장막을 짓고 기구들도 그 모양을 따라 지을지니라"(출 25:8-9). 이 말씀을 읽을 때, 경이에 잠겨야 마땅하다. 어떻게 위대한 창조자, 주권적 왕, 이스라엘의 거룩한 분이 죄악되고 불평하며 시도 때도 없이 반역하는 백성 가운데 거하려 하실 수 있단 말인가? 여기서 성경 이야기의 핵심 주제를 다시 마주한다. 하나님은 그분의 백성에게 사랑을 쏟아부으신다. 이들 속에 있는 무엇 때문이 아니라 그분 안에 있는 무엇 때문이다. 하나님의 은혜는 참으로 놀라우며, 인간이 그것을 받을 자격이 있어 받는 것이 아니다. 이것을 가장 강력하게 뒷받침하는 증거가 있다. 하나님이 그분의 백성에게 내리시는 명령, 곧 그분이 그분의 백성과 함께 거할 수 있게 장막을 세우라는 명령이다. 이스라엘의 소망은 한 곳, 오직 한 곳에서 찾아야 했다. 그들 가운데 거하시는 영광과 은혜의 하나님이다.

그러나 이게 전부가 아니다. 혹시 눈치챘는지 모르

겠지만, 하나님은 그분의 백성 가운데 거하겠다고 말씀하셨을 뿐 아니라, 그분의 집을 어떻게 세우고 채우며 꾸며야 하는지도 매우 분명하고 세심하게 지시하셨다. 하나님은 자신의 집이 그분이 어떤 분이며 무엇을 귀하게 여기는지 드러내길 원하셨다. 하나님이 성막을 통해 전하고자 하신 것은 두 가지였다. 즉 근접할 수 없는 그분의 거룩함과 용서하시는 그분의 자비다. 이것은 성막 자체가 예언이라는 뜻이다.

근접할 수 없는 하나님의 거룩함과 용서하시는 하나님의 자비가 만나는 곳이 하나 더 있다. 예수 그리스도의 십자가다. 하나님의 자비로운 계획에 따라, 완전히 거룩한 어린양이 십자가에서 죽으심으로 우리가 하나님의 자녀가 되었고, 하나님이 우리와 함께 거하시게 되었다. 거룩하신 하나님이 아직 완전히 거룩하지 못한 자녀들 가운데 거하신다는 사실은 오늘날 우리의 소망이기도 하다. 은혜로 우리가 하나님의 집이 되었다니, 참으로 놀라운 자비가 아닌가!

묵상

성막은 어떻게 하나님이 그분의 성령으로 영원히 우리와 함께 거하심을 가리키는가?

기도

주님, 어떻게 주님께서 내 안에 거하실 수 있겠습니까? 나는 나의 죄를 늘 압니다. 그러나 예수님이 십자가에서 나의 죄를 친히 짊어지심에 감사드립니다. 예수님 안에서 아름다운 구원 계획을 이루신 주님을 찬양합니다. 예수님의 이름으로 기도합니다. 아멘.

6일

레위기 4:27-35

**지금껏 속죄만큼 큰 선물은 없었다.
우리는 이 은혜의 선물을 영원히 누리며 감사할 것이다.**

슬픈 깨달음이 모든 부모에게 마침내 밀어닥친다. 사랑하는 자녀의 성장 과정 어느 시점에, 죄가 추악한 머리를 쳐드는 순간을 보게 되기 때문이다. 분명하고 피할 수 없다. 우리 아이는 예외이길 바랐다. 그러나 우리 아이도 예외가 아니라는 사실이 드러난다. 아이가 부모의 말을 거부할 수도 있고, 우리의 명령에 "싫어요!"라고 소리칠 수도 있다. 이기심을 드러내거나 화를 낼 수도 있다. 우리는 이유를 안다. 우리 아이는 죄인이기 때문이다. 문제는 단순히 아이가 잘못된 행동을 한다는 데 있지 않다. 그게 아니다. 우리는 훨씬 깊고 근본적인 문제와 마주한다. 문제가 단지 이따금 나

타나는 행동일 뿐이라면 어떤 행동 교정 시스템이 효
과가 있을 것이다. 그러나 모든 사람을 보며 깨닫듯이,
문제는 단순히 행동의 문제가 아니다. 우리의 행동에
문제가 있는 것은 우리의 본성에 문제가 있기 때문이
다. 죄는 단순히 우리가 이따금 저지르는 행동의 문제
가 아니다. 회복하는 능력이 없으면, 하나님의 은혜가
없으면, 죄는 우리 자체다. 우리는 본질상 죄인이며,
이 때문에 죄의 권세와 형벌에서 스스로 벗어날 능력
이 없다.

　나는 레위기의 좋은 소식을 사랑한다. 하나님의 말
씀인 이 책은 하나님의 큰 구속 이야기가 향하는 방향
을 알려주는 손가락 같다. 레위기가 우리에게 일깨우
는 사실이 있다. 하나님은 영광스러운 은혜 가운데 속
죄에 진심이시라는 것이다. 하나님은 죄의 값이 치러
질 길을 내신다. 은혜로 용서받을 수 있게 하기 위해서
다. 죄가 우리의 가장 깊고 가장 파괴적이며 가장 벗어
날 수 없는 문제라면, 속죄는 가장 필요하고 가장 좋
은 소식이다. 모든 죄는 하나님과 정면으로 맞서는 반
역이다. 이것을 알면, 속죄는 당신에게 훨씬 놀라운 선
물이 된다. 죄인들은 무수한 방법으로 하나님을 거스
른다. 그러나 말로 표현할 수 없을 만큼 놀라운 사랑으
로, 하나님은 속죄를 가능하게 하신다.

　　레위기 4장에서 한 구절이 세 차례 반복된다. "제사장이…그를 위하여 속죄한즉 그가 사함을 얻으리라"(4:26, 31, 35). 아름답고 소망이 넘치는 말씀이다. 죄가 우리를 아무리 단단히 붙잡고 있더라도, 우리가 얼마나 캄캄한 죄의 길을 걸어왔더라도, 우리에게는 소망이 있다. 이 말씀에서 우리는 확신을 얻는다. 더없이 거룩하신 하나님이 철저히 죄악된 백성들의 죗값을 대신 치르고 그 기록을 깨끗이 지워버릴 길을 내신다는 것이다. 그러나 이게 전부가 아니다. 이 말씀에서, 우리는 위대한 대제사장 곧 예수님이 오시리라는 약속을 발견한다. 그분은 최종 희생제물이 되고, 완전한 대가를 기불하며, 영원한 용서의 궁극적 수단이 되실 것이다. 우리에게 이보다 좋은 소식이 있을까?

묵상

오늘의 본문에 언급된 희생제사들이 어떤 방식으로 예수님의 희생제사(스스로 제물이 되심)를 미리 보여주는가?

기도

은혜로우신 주님, 나의 죄를 고백합니다. 나는 날마다 생각과 말과 행동으로 주님의 법을 어깁니다. 그러나 나의 죄를 위해, 나를 대신해, 예수님이 영원한 형벌을 감당해주셔서 참 감사합니다. 나의 마음을 주님의 희생을 향한 감사로 채워주십시오. 오직 예수님을 통해, 내가 기도로 하나님께 나아갈 수 있습니다. 예수님의 이름으로 기도합니다. 아멘.

7일

레위기 26:40-45

용서하시고 회복하시는 하나님의 은혜가 없다면,

우리는 어떻게 되었을까?

복음을 거듭거듭 되새기고 기억하는 것은 매우 중요하다. 절대로 잊지 말라고 자신에게 일깨우는 일도 중요하다. 하나님이 은혜로 구원하시고, 용서하시며, 회복하시는 이야기를 되새기는 것만큼 영적으로 유익한 일을 찾기 어렵다. 반드시 기억해야 한다. 우리는 단지 회심할 때 하나님의 용서하시는 은혜를 한 번 경험하고 마는 것이 아니다. 그 후로 계속해서, 사랑으로 회복하는 지속적인 과정에서 하나님의 은혜를 경험한다. 하나님은 우리를 거듭거듭 용서하셨고, 우리를 그분께로 거듭거듭 회복하셨으며, 수없이 반복해서 그렇게 하실 것이다.

우리는 "이미"와 "아직" 사이에서 타락한 세상에 살며, 죄가 여전히 우리 안에 웅크리고 있다. 그렇기에 하나님은 우리가 엇나가리라는 것을 아신다. 때때로, 우리는 잘못된 것을 생각하고 바라며 행할 것이다. 때때로, 우리는 하나님의 거룩한 울타리를 대놓고 벗어날 것이다. 이 땅에서 살아가는 동안 우리는 죄를 지을 것이다. 이런 까닭에, 우리를 용서하시고 회복하시겠다는 하나님의 약속이 너무나 아름답고 소망을 불어넣는다. 우리가 조금이라도 겸손하다면, 자신이 완벽하지 않다는 것을 안다. 우리의 삶에서 죄가 전혀 없는 날이 단 하루도 없다는 것을 안다. 우리는 날마다 용서가 필요한 사람이라는 것을 안다.

용서하시고 회복하시는 하나님의 자비는 예수님의 탄생에서 시작된 것이 아니라, 이미 그분의 율법에 담겨 있었다.

그들이 나를 거스른 잘못으로 자기의 죄악과 그들의 조상의 죄악을 자복하고 또 그들이 내게 대항하므로 나도 그들에게 대항하여 내가 그들을 그들의 원수들의 땅으로 끌어갔음을 깨닫고 그 할례 받지 아니한 그들의 마음이 낮아져서 그들의 죄악의 형벌을 기쁘게 받으면 내가 야곱과 맺은 내 언약과 이삭과 맺은

내 언약을 기억하며 아브라함과 맺은 내 언약을 기억하고 그 땅을 기억하리라. (레 26:40-42)

용서하시고 회복하시는 하나님의 은혜에 어떻게 들어가는가? 해답은 옛 언약과 새 언약에서 동일하며 명확하다. 겸손하고 진심 어린 고백을 통해서다. 하나님은 그분께 나와 변명하거나 탓하지 않고 정직하게 고백하는 죄인에게 등을 돌리지 않으실 것이다. 마음이 겸손한 자를 용서하시고 회복하시는 충만한 자비로 늘 맞아주신다. 하나님은 언제나 은혜의 하나님이셨고, 하나님의 백성은 언제나 은혜가 필요했으며, 하나님은 은혜가 필요할 때 기꺼이 은혜를 베푸시는 분임을 언제나 그들에게 상기시켜 오셨다.

레위기 26장은 구약성경에서 예수님과 그분의 사역을 예표하는 또 하나의 단락이다. 이 단락은 궁극적이고 '단번에 이뤄지며 효과가 영원히 지속되는'(once-for-all, 영단번의) 용서, 즉 우리를 하나님께 영원히 회복할 희생제사를 갈망한다. 예수님은 이 마지막 희생제사의 어린양이 되려고 오셨다. 그분 안에서, 우리의 죄, 과거와 현재와 미래의 죄가 완전히 용서되었다. 예수님이 우리를 대신해 하신 일의 결과로, 영원히 하나님이 우리 안에 계시고 우리가 그분 안에 있으며, 그 무엇도 우리를 하나님의 사랑에서 끊을 수 없다. 당신과 나 같은 죄인들에게, 용서하고 회복하는 은혜보다 아름답고 좋은 선물은 없다.

묵상

오늘의 본문은 하나님의 백성이 죄를 짓더라도 이들을 향한 하나님의 약속에 변함이 없으리라고 단언한다. 오늘의 본문에서 어떤 위로를 얻는가?

기도

하나님, 하나님은 찢어지고 뉘우치는 마음을 멸시하지 않으십니다. 나의 죄에 내 마음이 찢어지게 해 주십시오. 나의 죄를 고백할 때, 성령님께서 나를 도우시고 나를 위해 중보해 주십시오. 예수님이 나를 대신해 죽으셨으니, 나를 의롭게 여겨주십시오. 예수님의 이름으로 기도합니다. 아멘.

8일

—

민수기 16:42-48

**예수님은 우리와 하나님 사이에 중보자로 서 계신다.
예수님은 하나님의 심판이 우리에게 내리지 않도록
심판을 친히 담당하셨다. 이 얼마나 놀라운 은혜인가!**

구약 역사의 어떤 장면들은 구속의 서사 전체를 하나의 이야기로 요약해서 보여준다. 우리는 하나님께 이러한 구속하시는 은혜의 본보기를 보는 눈을 주시고, 이것들이 언제나 예수님에 관한 것임을 깨닫는 지혜를 주시길 기도해야 한다. 민수기 16장에서 우리는 하나님과 그분의 백성 이야기에서 충격적이고 슬픈 순간을 마주한다. 하나님은 반역하고 불평하는 그분의 백성을 거룩한 진노로 심판하신다. 하나님은 그분의 백성과 소통하기 위해 그분의 높고 거룩한 요구 조건을 낮추지 않으신다. 그분의 권위나 신실하심이나 사랑으로 공급하심에 도전하는 자들을 내버려두지 않으신다. 이 순간, 우리는 거듭 깨닫는다. 죄의 삯은 언제나 동일하다는 사실이다. 죄의 대가는 죽음이다.

그러나 이것은 단지 거룩한 심판만을 말하는 슬픈 단락에 그치지 않는다. 하나님이 구속하는 은혜를 어떻게 베푸시는지 보여주는 아름다운 그림이기도 하다. 비록 이스라엘 백성 14,700명이 죽었지만, 중보하는 은혜의 도구가 한 민족의 전멸을 막았다. 아론이 이 은혜의 도구였다. 그는 말 그대로 달려 나와 너부러진 주검들과 살아 있는 자들 사이에 섰으며, 향을 피운 향로를 들고 하나님의 백성을 위해 속죄했다. 제사장들은 부정(不淨)하게 되지 않도록 절대로 주검을 가까이 해서는 안 되었다. 주검과 접촉하면 부정해져 제사장 직무를 수행할 수 없었다. 그러나 아론은 속죄하는 은혜의 도구로서, 산 자들과 죽은 자들 사이에 서서 하나님의 백성을 하나님의 치명적이고 의로운 진노에서 구해냈다.

이 장면에서 아론을 보면서 예수님을 떠올리지 않는 것은 불가능하다. 예수님은 더 큰 아론, 곧 산 자와 죽은 자 사이에 서시는 구원자다. 예수님은 단지 자기 백성의 죄를 속(贖)하시는 분이 아니다. 그분은 속죄제물이 되셨다. 예수님은 단지 위대한 대제사장이 아니다. 그분은 희생제물인 어린양(Lamb of sacrifice)이다.

예수님은 단지 산 자와 죽은 자 사이에 서 계시는 것이 아니다. 그분을 믿는 모든 사람이 살도록 친히 죽으셨다. 구약성경의 모든 속죄 행위는 우리의 시선을 예수님께로 유도한다. 구약성경은 단지 도덕적 교훈을 끌어낼 수 있는 이야기 모음집이 아니다. 그렇지 않다. 구약성경은 수많은 장(章)으로 구성된 하나의 이야기다. 그것은 죄가 낳은 비극과 점진적인 하나님의 계획, 곧 '한 번으로 영원히 유효한'(once-for-all) 속죄제물을 주시려는 계획을 들려주는 이야기다.

민수기 16장의 이야기에서, 하나의 사실을 마주한다. 하나님은 죄를 심각하게 여기시며, 우리도 그러해야 한다는 것이다. 죄가 심각하지 않다면, 구원자가 필요 없다. 그러나 죄가 참으로 심각하기에, 온 인류는 산 자와 죽은 자 사이에 서서 기꺼이 속죄를 이루어주신 그리스도가 절실히 필요하다. 당신과 내게, 속죄하는 그분의 은혜가 필요하지 않은 날이 단 하루도 없다.

묵상

어떤 면에서, 우리는 오늘의 본문에서 심판받은 반역자들과 같은가? 왜 우리는 이들과 똑같은 운명을 맞지 않는가?

기도

구원의 하나님, 내가 죽어 마땅한데도 하나님은 그리스도 안에서 나에게 생명을 주셨습니다. 나의 대제사장이며 대속 제물 되신 그리스도의 이름을 찬양합니다. 나를 하나님과 화목하게 하신 그리스도의 속죄에 엎드려 감사드립니다. 나의 소망과 믿음이 언제나, 오직 그리스도 안에 있게 해 주십시오. 예수님의 이름으로 기도합니다. 아멘.

9일

—

신명기 21:18-23

**성경 이야기는 나무에 달린 한 사람 예수를 향해
천천히 나아간다. 그분은 우리의 대속물로,
완전한 희생제물인 어린양으로 죽으셨다.**

나는 매일 아침, 소망과 기쁨을 안고 깨어난다. 늘 기분이 좋기 때문만은 아니다. 이 글을 쓰는 지금, 무자비한 통증에 시달리고 있다. 등에 문제가 생겨서, 뭘 해도 통증이 따른다. 의자에서 일어나는 일조차 고문과 같고, 차를 타는 것도 고통스럽다. 그러나 나의 소망과 기쁨은 사그라지지 않는다. 나의 소망은 하나님이 나를 불러 맡기신 일에 달려 있지 않다. 나에 대한 사람들의 평판이나 경제적 안정에도 달려 있지 않다. 나의 소망은 내가 나의 이상형과 결혼했다는 사실이나 내게 멋진 네 명의 아이가 있다는 사실에 달려 있지 않다. 나의 소망은 과거의 한 나무를 향한다. 그 나무는 고대 도시의 성벽 밖에 세워졌고, 무죄한 사람이 그 나무에 달려 가장 잔혹하고 치욕스러운 죽음을 맞았다. 십자가형이다. 내가 용서받고, 하나님과 화목하며, 그분의 가정에 입양되고, 영원히 영광 가운데 그분과 함께하게 하기 위해서다. 예수님이 나의 소망이다. 예수님이 내 기쁨의 근원이다. 예수님이 나를 위해 하신 일, 그분의 임재, 그분의 은혜가 나를 정의한다. 나의 고난이나 나의 행위나 나의 가족이 나를 정의하지 않는다. 나는 만성 통증에 화를 내거나 비통해하지 않는다. 그분이 나를 위해 하신 일과 내가 그분 안에서 누군지를 알고서 날마다 감격하기 때문이다.

신명기 21장에서 하나님은 중죄, 곧 죽음으로 벌해야 하는 죄를 저지른 사람을 어떻게 해야 하는지 지침을 주신다. 이런 사람은 나무에 달아야 한다. 읽기 거북한 단락이다. 그러나 이 단락이 있는 것은 우리를 인도하고 보호하기 위해서다. 이 단락이 구약성경에 자리한 것은, 하나님이 죄를 심각하게 여기시므로 우리도 죄를 심각하게 여겨야 한다는 것을 우리에게 일깨우기 위해서다. 하나님은 자신의 백성과 관계를 맺기 위해 절대로 죄를 무시하거나 가볍게 여기지 않으신다. 이 단락이 보존된 것은 우리에게 일깨우기 위해서다. 죄인들이 온전히 거룩하신 하나님과 관계를 맺으

려면 그 어떤 일이 일어나야 한다는 것이다.

신명기 21:22-23에서, 우리의 시선이 두 나무를 향한다. 첫째는 에덴동산의 나무다. 거기서 유혹과 죄가 처음 세상에 들어왔고 인간을 그들의 창조자에게서 떼어놓았다. 둘째는 골고다 언덕의 나무다. 거기서 예수님은 우리가 의롭게 되고 하나님의 가정에 영원히 입양되도록 스스로 고난을 받고 죽으셨다. 신명기에서는 한 사람이 자신의 죄 때문에 나무에 달린다. 그러나 갈보리에서는 한 사람이 다른 사람들의 죄 때문에 나무에 달린다. 신명기에서는 한 사람이 자신의 죄에 대해 벌을 받지만, 갈보리에서는 한 사람이 많은 사람의 죗값을 대신 치른다. 한 나무는 죽음의 나무지만, 다른 한 나무는 궁극적으로 생명의 나무다. 한 나무에는 소망 없는 사람이 달려 있지만, 다른 한 나무에서는 한 사람의 죽음이 무수한 죄인들에게 영원한 소망을 준다.

우리는 소망이 있다. 예수님이 그 나무에서 하신 일 때문이며, 그분이 날마다 새로운 자비로 우리를 위해 지금도 계속 하시는 일 때문이다.

묵상

당신이 그리스도의 희생을 기억하며 의롭고 거룩하게 살도록, 오늘의 본문에 제시된 율법이 어떻게 당신에게 동기를 부여할 수 있는가?

기도

사랑의 하나님, 내가 절대로 나의 죄에 무감각해지거나 나의 죄 때문에 하나님이 십자가에서 치르신 값, 곧 하나님의 외아들의 생명에 무감각해지지 않게 해 주십시오. 나의 마음과 삶의 초점을 예수님이 십자가에서 나를 위해 이루신 일에 다시 맞춰주십시오. 죄를 점점 더 미워하게 해주시고, 그리스도를 점점 더 사랑하게 해 주십시오. 예수님의 이름으로 기도합니다. 아멘.

10일

열왕기하 4:18-37

**기독교의 흥망은 하나님에게
죽은 자를 살릴 능력이 있느냐에 달려 있다.**

그 어떤 능력도 부활 능력(죽은 자를 살리는 능력)에 견줄 수 없다. 부활 능력은 오직 하나님께만 속한 것이며, 하나님을 다른 모든 피조물과 구별 짓는 속성 중 하나다. 우리는 으레 죽음이 끝이라고 여긴다. 다소 무례하게 들릴는지 모르지만, 우리는 장례식에서 고인에게 아무것도 기대하지 않는다. 그 사람 안에 생명이 없다는 것을 알기 때문이다. 그게 전부다. 죽음은 끝이며, 그래서 죽음은 그토록 고통스럽다. 죽음만큼 우리를 무력하게 만드는 것은 없다. 죄가 죽음을 세상에 들여왔다. 죽음은 모든 생명체가 마침내 마주해야 하며 절대로 피할 수 없는 끝이다. 이 때문에, 죽은 자를 살리시는 하나님의 능력은 그분의 백성에게 궁극적 승리를 얻으리라는 위로다. 사도 바울은 죽은 자의 부활이 없으면 예수님의 부활은 가짜이며, 예수님의 부활이 가짜라면 우리는 속은 것이고 우리의 믿음도 헛되다고 주장한다(고전 15:12-19). 죽은 자를 살리는 능력은 우리가 믿는 모든 것의 기초다.

구약성경에서 세 번(왕상 17:17-22; 왕하 4:18-37; 13:20-21) 그리고 신약성경에서 여섯 번(마 28:1-6; 막 5:41; 눅 7:14; 요 11:38-44; 행 9:36-42; 20:7-12), 죽은 사람이 살아난다. 이것들이 하나하나 기록되어 보존된 것은 생명과 죽음을 주관하는 능력이 오직 하나님께 있음을 우리에게 일깨우기 위해서다. 열왕기하 4:18-27에 나오는 수넴 여인의 아들 이야기는 구약성경에서 죽은 사람이 살아났다는 두 번째 기록이다. 하나님은 엘리사 선지자를 통해 이 기적을 행하셨다.

이 아홉 건의 기사는 우리에게 전능하신 하나님의 능력, 곧 죽음조차 이기지 못하는 능력을 일깨울 뿐 아니라, 구속 이야기가 어디로 향하는지 미리 보여준다. 죄에게 최종 승리가 돌아가지 않을 것이다.

이야기는 미동도 없는 죽음의 정적으로 끝나지 않을 것이다. 생명이 죽음을 이길 것이다. 이것이 하나님의 계획이다. 성경 이야기 구석구석에서 개개인이 죽음에서 살아난 이야기들이 나타난다. 이 이야기들은 앞으로 있을 두 부활의 필연성을 예견한다. 첫째는 예수님의 부활이다. 예수님은 십자가에서 죽은 후 부활하셨다. 그분은 우리의 죗값을 치르러 오셨을 뿐 아니라 자신의 부활로 죄와 죽음을 이기러 오셨다. 기억하라. 예수님의 부활은 마지막 부활이 아니다. 예수님의 부활은 도래할 부활들의 첫 열매다. 그리스도 안에서 죽은 자가 모두 다시 살아날 날이 있을 것이다(고전 15:20). 죽음은 죽임을 당할 것이며, 하나님의 자녀들은 생명의 주님과 함께 영원히 살고 그분의 임재 가운데 거하며 그분의 영광에 잠길 것이다.

이들 개개인의 이야기는 상상할 수 있는 가장 위대한 결말을 약속한다. 신음하는 이 세상에서 인생의 캄캄한 골짜기와 역경을 지날 때도, 우리는 죄와 고난과 죽음이 다시 있지 않으리라는 것을 기억하고 또 기억한다. 언젠가 이것들이 더는 우리를 가두지 못할 것이다. 우리는 부활해 주님과 함께 새 하늘과 새 땅의 완벽한 공기를 호흡하고, 죽음의 눈물을 절대로 다시 흘리지 않을 것이기 때문이다.

묵상

그리스도의 부활은 그분의 백성도 언젠가 다시 살아나리라는 것을 어떻게 보장하는가?

기도

생명의 하나님, 죽음이 하나님을 이기지 못합니다. 죽음을 다스리시는 하나님의 능력을 찬양합니다. 그리스도께서 그분의 죽음과 부활을 통해 죽음의 모든 권세를 완전히 이기신 장엄한 승리를 찬양합니다. 내게 생명을 주셔서 지금도 그리스도를 통해 거듭나 영광스러운 영생을 고대할 수 있으니 감사합니다. 예수님의 이름으로 기도합니다. 아멘.

11일

—

욥기 19:23-29

**인생의 온갖 질문, 압박, 실망, 역경 속에서
"나의 구원자가 살아계심을 압니다"라고
말할 수 있다는 것은 큰 힘이 된다.**

이것은 누구에게나 있으며, 스스로 전혀 종교적이지 않다고 생각하는 사람들에게도 있다. 이것은 아침에 우리를 일으키고 온종일 우리를 움직이게 한다. 슬플 때는 위로하고, 꿈이 산산조각 날 때는 소망(희망)을 준다. 고난이 문 앞에 들어설 때도 이것은 우리로 견디게 한다. 우리는 이것을 사용해 다른 사람들을 격려한다. 내가 말하고 있는 것이 무엇인가? 믿음이다. 모든 사람은 누군가 또는 무엇인가에게서 안전을 기대한다. 모든 사람에게는 어떤 형태로든 소망의 반석이 있다. 누구나 안전하고 늘 있으리라 생각되는 것에 인생을 건다. 모든 사람은 무엇인가를 믿고 살아간다. 그리스도인들이 다른 점은 믿음으로 산다는 데 있지 않다. 그게 아니다. 그리스도인들을 다르게 만드는 것은 믿음의 대상이다.

대다수 사람이 믿는 것들은 결국 이들을 실망하게 할 것이다. 타락한 이 세상에서 흔들리지 않는 안전과 희망의 원천은 오직 하나뿐이다. 든든한 마음의 평안을 원한다면, 수평적으로 보길 그치고 마음의 눈을 들어라. 의지할 수 있고, 실망하게 하지 않으며, 절대 변하지 않고, 늘 신실한 안전과 소망의 반석은 오직 하나님뿐이다. 우리의 소망을 하나님께 둘 수 있다. 단지 하나님이 놀라운 능력이 있고 놀라운 약속을 주시기 때문이 아니라, 우리가 삶에서 마주할 모든 상황과 관계를 하나님이 다스리시기 때문이다.

끔찍한 고난과 상실, 친구들의 잘못된 조언, 하나님이 하시는 일에 대한 혼란 속에서, 욥의 마음이 바로 여기에 있다. 욥이 고난 속에서 했던 말들은 세대를 거듭하며 신자들에게 힘과 용기를 주었다. 이 시점에서 욥은 자신의 삶에서 일어나고 있는 많은 것을 알지도 이해하지도 못했을 수 있지만, 그의 삶을 변화시키는 한 가지는 확실히 알고 있었다.

내가 알기에는 나의 대속자가 살아계시니

마침내 그가 땅 위에 서실 것이라

내 가죽이 벗김을 당한 뒤에도

내가 육체 밖에서 하나님을 보리라. (욥 19:25-26)

선지자로서, 자신의 이해를 넘어서는 의미가 담긴 말을 내뱉으며, 욥은 흔들리지 않는 소망과 도움을 어디서 찾을 수 있는지 자신에게 일깨운다. 무엇이 욥에게 소망을 주는가? 하나님은 살아계시며 절대로 떠나지 않으신다는 사실이다. 모든 것이 사라진 후에도, 하나님은 여전히 계실 것이다. 그러나 이것이 전부가 아니다. 욥은 안다. 자신이 고난 가운데 있고, 하나님으로 인해 혼란스럽고, 하나님이 멀리 계신 듯 보이더라도, 하나님은 그를 버리지 않으셨고, 장차 그가 하나님을 뵙게 될 날이 올 것이다.

설령 지금 역경을 겪지 않고 있더라도, 언젠가 그 시간이 찾아올 것이다. 눈물과 상실 가운데서, 확신과 소망을 품고 하늘을 우러르며 이렇게 말할 수 있길 바란다. "지금은 많은 것이 불확실하지만, 하나는 확실히 압니다. 나의 구원자가 살아계십니다."

묵상

"나의 구원자가 살아계신다"는 것을 아는 지식은, 당신이 마
주한 역경을 곧바로 없애주지 않더라도, 어떻게 당신에게
도움이 될 수 있는가?

기도

위대하신 하나님, 영원한 부활의 생명을 주시니 감사합니다.
그리스도를 통해 죽음과 부패와 멸망과 마귀와 무덤을 이기
신 하나님을 찬양합니다. 하나님, 나에게 이 외에 무슨 소망
이 있겠습니까? 이 소망을 통해 나의 영혼을 경이와 기쁨으
로 채워주십시오. 영원한 승리자 예수님으로 인해 감사합니
다. 예수님의 이름으로 부르짖습니다. 아멘.

12일

시편 32:1-11

**하나님의 자녀로서, 우리는
완전하고 최종적인 용서를 받는다.**

당신의 삶에서 가장 큰 복은 무엇인가? 나 역시 수많은 부분에서 복을 받았다는 사실을 알고 있다. 나의 영웅, 나의 조언자, 나의 친구 루엘라와 오랫동안 부부로 사는 복을 받았다. 아내가 없었다면 내 삶이 어떠했을지 상상조차 할 수 없다. 지금은 성인이 된 네 아이를 낳아 기르고 이들과 사랑의 관계를 지속하는 복을 받았다. 멋진 손주 여섯을 두는 복을 받았다. 상상을 뛰어넘는 가슴 뛰고 흥미진진한 사역을 하며 살아가는 복을 받았다. 늘 먹을 양식이 있고 머리 둘 집이 있는 복을 받았다. 복음에 헌신한 멋진 교회들에 속하는 복을 받았다. 수많은 신실한 친구들을 얻은 것 또한 복이다. 내 삶에서 받을 자격도 없이, 노력해서 얻은 것도 아닌 복들을 얼마든지 더 나열할 수 있다. 그러나 이 모든 것 위에, 너무나 놀랍고 내 삶을 송두리째 변화시킨 복이 있다. 나는 이 복을 영원히 찬양할 것이다. 이 복이 아침에 나를 일으키고 내게 소망을 준다. 이 복이 나의 마음을 사로잡고 나의 개인적 삶과 사역의 방향을 정한다. 내가 받은 복의 목록에서 나머지를 무색하게 하는 이 놀라운 복은 무엇인가? 시편 32편이 이 복을 아주 잘 표현한다.

> 내 허물을 여호와께 자복하리라 하고 주께 내 죄를 아뢰고 내 죄악을 숨기지 아니하였더니 곧 주께서 내 죄악을 사하셨나이다. (시 32:5)

우리는 모두 아주 깊고 어두우며 파괴적인 상태 가운데, 언제나 죽음으로 이어지는 상황에 태어난다. 이 어둠이 우리 인성의 모든 부분에 스며들어 있다. 우리는 아무리 발버둥 쳐도 이 어둠에서 벗어날 힘이 없다. 이 어둠이 우리의 마음을 사로잡고 우리의 모든 생각과 바람을 지배한다. 이 어둠이 제 기능을 못 하는 모든 인간적 도덕과 관계의 원인이며, 삶을 힘들고 슬프게 한다. 죄는 우리에게 일어날 수 있었던 최악의 사건이다. 그러므로 하나님의 용서는 우리에게 일어날 수 있는 최고의 사건이다.

다윗은 이 어둠의 상황을 세 단어로 표현한다. 첫째는 '죄'(sin)다. 죄는 하나님의 거룩한 기준에 미치지 못하는 것이다. 둘째는 '허물'(transgression)이다. 허물은 하나님이 정하신 경계를 넘는 반역이다. 셋째는 죄악(iniquity)이다. 죄악은 도덕적 불결함이다. 하나님의 용서는 죄의 본질과 죄의 행위를 모두 덮는다.

우리는 하나님의 용서를 얻기 위해 자신을 깨끗이 하려 애쓰거나 자신이 하나님께 받아들여질 수 있게 하려 애쓸 필요가 없다. 이것은 놀라운 복이다. 그럴 필요가 없다. 하나님은 우리를 있는 그대로 맞아주시며, 우리에게 그분께 나와 겸손하게 고백하고 용서하는 그분의 자비를 믿으라고 하신다. 죄를 축소하거나 부정하거나 변명해봐야 절대로 죄를 이기지 못한다. 스스로 의롭다고 주장한다고 해서 결코 의로워진 적도 없다. 자신을 다른 사람들과 비교한다고 해서 우리를 옭아맨 죄의 사슬이 끊어지는 것도 아니다. 이 치명적 질병 앞에서, 우리의 유일한 소망은 하나님의 용서다. 시편 32편은 예수님이 어떻게 우리에게 이 용서를 최종적으로 보장해 주실지 고대한다.

묵상

하나님 앞에서 자신의 죄의 깊이를 살피고 그 죄를 고백할 때, 어떻게 그리스도의 사역에 더욱 감사하게 되는가? 이렇게 함으로써, 앞으로 당신의 삶이 어떻게 달라져야 하는가?

기도

하나님, 한결같은 사랑을 베푸시는 하나님을 찬양합니다. 놀라운 자비로 나 같은 죄인까지 용서하시는 하나님 앞에, 경외함으로 엎드립니다. 하나님은 나의 은신처입니다. 하나님은 환난에서 나를 보호하십니다. 하나님은 구원의 노래로 나를 두르십니다. 감사합니다. 예수님 이름으로 기도합니다. 아멘.

13일

—

이사야 28:14-26

**예수님은 우리의 확실한 기초다.
그분은 하나님의 집을 세우는 모퉁잇돌이다.**

잘 쓰인 소설을 읽을 때, 누가 주인공인지 아는 데 전혀 어려움이 없다. 주인공은 페이지마다 등장한다. 주인공은 장마다 중심에 자리한다. 등장인물과 부차적 줄거리가 많더라도, 소설은 사실 주인공의 이야기다. 소설 전체가 어떤 식으로든 주인공에 관한 것이다. 주인공을 소설에서 제외하면, 전체 이야기가 무너지고 앞뒤가 맞지 않는다. 주인공이 이야기이기 때문이다.

성경도 다르지 않다. 성경은 예수님 이야기다. 예수님은 이야기의 주인공이다. 예수님의 존재가 성경의 모든 책에 나타난다. 신약성경 첫 장에서 예수님을 처음 만나는 것이 아니다. 그게 아니다. 예수님은 창세기

첫 장부터 이미 계셨다(골 1:16을 보라). 구약성경에서 하나님 백성의 역사를 언급할 때, 때때로 저자가 그분의 이름을 말하지 않더라도 오로지 예수님을 가리키고 있음이 명확할 때가 있다. 이사야 28:16-17이 이런 구절이다.

> 그러므로 주 여호와께서 이같이 이르시되 보라 내가 한 돌을 시온에 두어 기초를 삼았노니 곧 시험한 돌이요 귀하고 견고한 기촛돌이라 그것을 믿는 이는 다급하게 되지 아니하리로다 나는 정의를 측량줄로 삼고 공의를 저울추로 삼으니.

베드로 사도는 이 말씀을 예수님에게 적용한다(벧전 2:6을 보라). 이사야서에서, 하나님은 그분의 백성이 처한 상황을 향해 말씀하신다. 그러나 하나님의 말씀은 그게 누구든 당시의 인간 지도자를 뛰어넘어 예수 그리스도에게서 성취된다. 베드로가 어떻게 예수님을 놀랍게 묘사하는지 보라. 예수님은 시험한 돌(tested stone)이다. 그분은 사탄에게 유혹(시험)을 받았고, 자신이 창조한 자들에게 배척을 당했으며, 타락한 이 세상에서 온갖 삶의 고난을 겪으셨다. 그러나 그분은 죄가 없었다. 예수님은 존귀한 분이다. 예수님 같은 분은 아무도 없다. 예수님은 값을 매길 수 없는 선물이며, 가장 희귀한 다이아몬드와 같다. 예수님은 하나님의 집의 모퉁잇돌이며, 그 집은 하나님의 백성을 위한 성전, 곧 하나님이 임재하시는 곳이다. 예수님은 의 자체이며, 우리는 그분의 의를 통해 구속받는다. 예수님은 최종 심판자이며, 완전한 정의를 이 땅에 회복하실 것이다. 우리의 영혼을 예수님께 맡길 때, 그분은 우리에게 필요한 모든 것을 주신다.

우리 가운데 많은 사람이 모퉁잇돌을 잊고 산다. 우리는 기능적 혼란과 두려움 가운데 산다. 삶의 온갖 요구와 분주함 때문에, 그분의 자녀인 우리의 삶이 세워진 확실한 기초를 잊어버린다. 우리가 지금까지 세워진 가장 확실한 건축물, 곧 믿음의 집인 교회의 일부라는 사실을 잊어버린다. 우리가 어려움과 실망과 고난을 마주하더라도, 우리의 삶은 확실한 기초이신 예수님 위에 세워져 있다. 우리에게는 절대로 흔들릴 수 없는 안전함이 있다. 예수님이 우리의 모퉁잇돌이다. 이 얼마나 놀라운 은혜인가!

묵상

어떻게 예수님이 그분의 백성에게 귀한 모퉁잇돌인가? 개인적으로, 어떻게 그분이 당신의 확실한 기초인가?

기도

귀하신 하나님, 내게 예수님을 보여주십시오. 성경의 페이지마다, 하나님의 아들을 드러내 주십시오. 예수님이 그분의 백성을 위해 이루신 모든 일에 대해 감사드립니다. 그분이 하신 일이 나의 유일한 간구가 되고, 나의 유일한 소망이 되며, 나의 유일한 위로가 되게 해 주십시오. 나의 삶을 그분의 안전한 기초 위에 세우셔서, 내가 그분의 임재 안에 영원히 안전하게 거하게 해 주십시오. 예수님의 이름으로 기도합니다. 아멘.

14일

—

이사야 53:1-12

**예수님은 우리가 받아 마땅한 형벌을 기꺼이 받으셨다.
그래서 우리는 하나님과 화해된 관계 안에서
영원히 살 수 있다.**

성경 구절에 익숙한 것은 좋은 일이다. 우리가 하나님의 말씀을 알고 또 기억하도록, 하나님은 은혜와 성령으로 우리 안에서 일하신다. 그러나 어떤 말씀을 너무 여러 번 읽다 보면, 잠시 멈추어 살펴보고 숙고하며 감사하는 시간을 갖지 못하게 될 때도 있다. 다음 구절도 익숙할는지 모른다. 그러나 속도를 늦추고, 이 중 몇 구절을 다시 한번 찬찬히 들여다보길 권한다.

그는 멸시를 받아 사람들에게 버림받았으며 간고를 많이 겪었으며 질고를 아는 자라 마치 사람들이 그에게서 얼굴을 가리는 것 같이 멸시를 당하였고 우리도

그를 귀히 여기지 아니하였도다

그는 실로 우리의 질고를 지고 우리의 슬픔을 당하였

거늘 우리는 생각하기를 그는 징벌을 받아 하나님께

맞으며 고난을 당한다 하였노라

그가 찔림은 우리의 허물 때문이요 그가 상함은 우리

의 죄악 때문이라

그가 징계를 받으므로 우리는 평화를 누리고 그가 채

찍에 맞으므로 우리는 나음을 받았도다

우리는 다 양 같아서 그릇 행하여 각기 제 길로 갔거

늘 여호와께서는 우리 모두의 죄악을 그에게 담당시

키셨도다. (사 53:3-6)

이 구절이 충격으로 다가와야 한다. 그렇지 않다면, 이 구절이 지닌 능력을 놓친 것이다. 이 구절이 성경에 있는 이유가 있다. 철저히 개입하시는 하나님 은혜를 우리가 경험할 수 있도록, 극도의 고난을 겪으려는 예수님의 단호한 의지를 우리가 이해할 수 있게 하기 위해서다. 예수님은 우리의 구원을 이루려고 "우리의 허물 때문"에 기꺼이 "상함"을 받으셨다. 우리 가운데 그 누구도 이런 역할을 받아들이지 않았을 것이다. 그러나 만왕의 왕께서 우리를 위해 기꺼이 찔리고 징계를 받으며 채찍에 맞으셨다. 우리 모두의 그 무거운 죄를 기꺼이 지고 십자가에 달리셨다. 우리가 영원히 살 수 있도록 영원하신 분이 기꺼이 죽으셨다.

이 모두를 기억하는 것이 왜 중요한가? 예수님이 우리의 죄를 해결하기 위해 받으셔야 했던 고난을 잊거나 축소한다면, 우리의 죄의 무게를 잊거나 축소하는 것이다. 죄가 얼마나 심각하고 강력하며 어둡고 파괴적인지 알고 싶다면, 이사야 53장을 읽어보라. 예수님은 죽음을 비롯해 이 모든 고난을 당하셔야 했다. 죄가 그만큼 심각하기 때문이다. 죄는 완전히 의로운 대속물이 필요하다. 다시 말해, 타락한 세상의 유혹을 기꺼이 마주하고, 자신이 짓지 않은 죄 때문에 기꺼이 고난을 당하며, 우리의 죄를 위한 희생제물로 기꺼이 죽을 존재가 필요했다.

이 세상과 오는 세상에서, 우리의 소망은 우리 가운데 누구도 감당하려 하지 않을 고난을 예수님이 기꺼이 받으셨다는 데 있다. 그분은 기꺼이 하셨다. 이 얼마나 놀라운 은혜인가!

묵상

이사야 53장이 왜 그렇게 충격적인가? 이사야 53장에서 예수님에 관해 무엇을 배울 수 있는가?

기도

구주 예수님, 주님은 나를 위해 그 엄청난 고난을 당하셨습니다. 나 같은 죄인을 구원하기 위해 그토록 엄청난 고난을 당하신 주님, 주님 앞에 겸손히 엎드려 기뻐 찬양합니다. 진실로, 나의 죄가 주님을 십자가에 못 박았습니다. 진실로, 나의 죄악이 주님의 머리를 상하게 했습니다. 진실로, 나의 불의가 주님의 옷을 벗기고 주님의 옆구리를 찔렀습니다. 나를 위해 이 모든 고난을 당하신 주님, 감사합니다. 사랑합니다. 예수님의 이름으로 기도합니다. 아멘.

15일

이사야 59:1-13

**인간은 사랑하고 예배하며 생명을 공급받는 관계
속에서 하나님과 살도록 창조되었다. 우리는 영원히
하나님과 함께 살고 하나님을 위해 살도록 창조되었으
나 죄가 우리를 이러한 하나님과 갈라놓았다.**

대다수 사람은 사랑하는 사람과 떨어지길 싫어한다. 우리 부부에게는 남부 캘리포니아에 사는 결혼한 자녀 셋과 손주가 여섯이 있다. 그래서 우리는 필라델피아에 살면서도 자연스럽게 동·서부를 오가는 삶을 살게 되었다. 시간의 절반을 캘리포니아에서 보내고 나머지 절반을 필라델피아에서 아들 내외와 보낸다. 우리는 서부에서 손주들과 함께 보내는 시간을 사랑하지만, 떠날 때마다 눈물을 흘린다. 캘리포니아에서 지낼 때는 동부 해안에 사는 아들 내외가 보고 싶고 필라델피아 집으로 날아가 그들과 함께할 시간을 고대한다. 우리는 동시에 여러 곳에 있을 수 없다. 그래서 함께 있는 사람들 때문에 행복하면서도, 멀리 떨어진 사랑하는 사람들 때문에 마음이 아프다. 깊은 사랑의 연대를 나누는 사람들과 함께하는 것만큼 기쁜 일은 거의 없다.

이렇듯 사람과 사람의 분리는 엄청난 슬픔을 일으킨다. 그렇지만 삶에서 가장 큰 슬픔은 사람과 하나님의 분리다. 우리가 삶에서 마주하는 모든 비극 중에서, 이것이 가장 큰 비극이다. 하나님은 단지 우리를 지으셨을 뿐 아니라, 하나님 자신을 위해 창조하셨다. 우리가 거리에서, 가게에서, 일터에서, 컨퍼런스에서, 동창회에서, 교회에서, 콘서트에서 마주치는 모든 사람은 하나님과의 관계를 위해 창조되었다. 하나님은 우리가 그분 안에서 가장 큰 목적과 의미를 찾도록 우리를 디자인하셨다. 우리와 하나님의 관계가 우리의 정체성을 이해하는 길이어야 한다. 하나님을 예배함이 우리 마음의 가장 깊고 가장 지속적인 동기여야 한다. 우리는 하나님과의 관계에서, 우리의 참다운 인성과 온전한 정신을 찾아야 한다.

그러므로 가장 큰 비극은 하나님의 형상으로 창조된 사람들이 그분에게서 분리된 것이다.

여호와의 손이 짧아 구원하지 못하심도 아니요 귀가

둔하여 듣지 못하심도 아니라

오직 너희 죄악이 너희와 너희 하나님 사이를 갈라놓
았고 너희 죄가 그의 얼굴을 가리어서 너희에게서 듣
지 않으시게 함이니라. (사 59:1-2)

하나님이 자신이 지은 사람들에게 얼굴을 감추셨
다. 이 얼마나 큰 비극인가! 하나님으로부터 분리된다
는 것은 진정한 영성뿐 아니라 진정한 인성마저 잃는
다는 뜻이다. 하나님 없이 우리는 창조된 본래의 목적
에 맞는 존재가 될 수 없다. 하나님과의 분리는 영원한
멸망을 뜻한다. 죄는 단순히 도덕법을 어기는 문제가
아니다. 죄는 우리 정체성의 핵심이어야 하는 하나님
과의 관계를 깨뜨린다.

이 때문에, 우리는 예수님의 삶과 죽음과 부활을 찬
양한다. 예수님을 통해 우리의 죄가 사해졌고, 우리가
하나님과 화목하게 되었으며, 죄가 더는 우리를 하나
님으로부터 분리하지 못한다. 은혜로 영원히 그분은
우리의 것이 되셨고, 우리는 그분의 것이 되었다. 죄가
패배했다. 그래서 믿는 자들은 이제 하나님과 분리되
지 않는다. 이보다 좋은 소식이 있겠는가!

묵상

오늘의 성경 분문이 말하는 죄 가운데, 하나라도 당신에게 해당하는 것이 있는가? 이러한 죄가 당신을 하나님으로부터 분리했는가? 분리했다면 그 이유는 무엇이고, 분리하지 않았다면 그 이유는 무엇인가?

기도

만물의 영원한 통치자 하나님, 나의 죄가 한때 어떻게 나를 하나님으로부터 분리했는지 압니다. 그러나 주님의 외아들이 흘리신 보혈로, 이 간극을 메우시고 나를 주님과 화목하게 하신 은혜에 감사합니다. 내가 주님과 맺고 있는 관계, 주님께 나아갈 수 있는 특권, 그리스도로 말미암아 누리는 이 생명을 절대로 당연하게 여기지 않게 해 주십시오. 그리스도를 통해, 나 같은 죄인을 성도로, 주님의 거룩한 백성으로 바꿔주시니 감사합니다. 예수님의 이름으로 기도합니다. 아멘.

16일

예레미야 50:8-20

**은혜로, 세상이 절실히 필요로 하는
회복이 이루어지고 있다.**

우리는 회복이 절실히 필요한 세상에 살고 있다. 부정하기 어려운 사실이다. 미디어 피드를 한번 훑어보거나, 살면서 겪은 슬픈 일들을 떠올려 보라. 사도 바울은 우리가 탄식(신음)하며 속량(구속)을 기다리는 세상에 살고 있다고 말한다(롬 8:22-23). 우리는 고통 가운데 신음한다. 피곤할 때 신음한다. 실망할 때 신음한다. 주변 상황이 돌이킬 수 없이 망가진 것처럼 보일 때 신음한다. 우리가 사는 세상은 이런 상태다. 사방에서 일어나는 폭력에 숨이 막힌다. 문화의 도덕적 타락은 도무지 줄어들 기미가 보이지 않는다. 교회의 증언조차 타협하기 일쑤인 것 같다. 결혼 생활이 파탄에 이르고, 부모가 자녀에게 절망해 손을 든다. 대중매체는 안전한 탈출구이길 그쳤다. 주변의 물리적 세상마저 신음한다. 오늘의 세상은 하나님이 창조하신 그대로 가 아니며, 하나님이 의도하신 그대로 기능하지도 않는다.

우리는 때때로 이렇게 부르짖는다. "하나님, 거기 계신가요? 일어나는 일을 보고 계시나요? 도움을 구하는 부르짖음을 듣고 계시나요? 하나님이 지으신 이 세상을 버리셨나요?" 우리는 약하고 힘이 없으며, 필요한 엄청난 변화를 스스로 일으킬 수 없다고 느낀다. 그래서 기도하고 소망한다. 그러나 기도는 달리 무엇을 해야 할지 모르는 사람들이 절망하며 선택하는 마지막 행동이 아니다. 성경은 회복의 약속으로 넘쳐난다. 이 약속들은 하나님이 그분의 창조세계를 버리지 않으셨다는 사실을 상기시킨다. 이 약속들이 기록되고 보존된 것은 기도가 헛되지 않음을 우리로 알게 하기 위해서다. 이 약속들은 우리에게 확신을 준다. 흔들릴 수 없는 하나님의 구속 계획 안에 회복이 새겨져 있다는 것이다.

이 약속 중 하나가 예레미야 50장에 나온다. 이 약속은 하나님의 자녀들에게 상황이 극도로 나빠진 것처럼 보이던 시점에 주어졌다. 그것은 가장 캄캄한 시

대에 희망의 등불이며, 사랑의 하나님이 그분의 자녀
들을 대대로 위로하기 위해 주신 것이다.

이스라엘은 흩어진 양이라 사자들이 그를 따르도다
처음에는 앗수르 왕이 먹었고 다음에는 바벨론의 느
부갓네살 왕이 그의 뼈를 꺾도다 그러므로 만군의 여
호와 이스라엘의 하나님이 이와 같이 말하노라 보라
내가 앗수르의 왕을 벌한 것 같이 바벨론의 왕과 그
땅을 벌하고 이스라엘을 다시 그의 목장으로 돌아가
게 하리니 그가 갈멜과 바산에서 양을 기를 것이며
그의 마음이 에브라임과 길르앗 산에서 만족하리라
여호와의 말씀이니라 그 날 그 때에는 이스라엘의 죄
악을 찾을지라도 없겠고 유다의 죄를 찾을지라도 찾
아내지 못하리니 이는 내가 남긴 자를 용서할 것임이
라. (렘 50:17-20)

하나님이 악을 산산이 부수시고 그분의 백성을 회
복하시며 정결하게 하실 것이다. 악이 승리하지 못할
것이다. 만물이 새롭게 될 것이다. 그러므로 소망을 품
을 이유가 있다.

묵상

당신의 삶에서, 새롭게 하시는 하나님의 역사를 갈망하게 하는 유혹이나 어려움을 생각해 보라. 회복하시는 하나님의 역사를 소망할 때, 삼위일체 하나님을 향한 당신의 사랑이 어떻게 더 깊어지는가?

기도

더없이 위대하시고 거룩하신 주님, 내가 소망을 품는 것은 주님 때문입니다. 악이 나를 에워싸며 내 속에도 자리 잡고 있지만, 주님께서 이 세상의 악을 반드시 심판하시리라는 것을 압니다. 또한 주님께서 주님의 백성을 위해 이미 이렇게 하셨다는 것도 압니다. 우리의 죄를 십자가에서 예수님께 지우셔서 우리가 용서받고 깨끗하게 되며 자유를 얻게 하셨음을 믿습니다. 이 영광스러운 복음, 곧 주님의 사랑하는 아들이 중심인 복음을 주신 주님, 참으로 감사합니다. 예수님의 이름으로 기도합니다. 아멘.

17일

예레미야 애가 3:19-26

**아무리 막막해 보여도, 우리의 삶에는
아침마다 새로운 것이 있다. 하나님의 궁휼이다.**

답답한가? 변화를 갈망하는가? 당신의 영적 삶이 정체된 것 같은가? 당신의 소망과 꿈이 활력을 잃은 것 같은가? 당신의 결혼 생활이 건강하지 못한 패턴에 갇혔는가? 갈등이 되풀이되어 우정이 수렁에 빠졌는가? 자녀들이 제자리에 멈춰 있는 것처럼 보이는가? 섬기는 교회가 답답해 보이며, 당신이 바라는 교회가 절대 되지 못할 것 같은가? 죄의 패턴에 빠져 죄책감과 절망을 느끼는가? 하나님의 말씀을 읽어도 도무지 믿음과 소망이 새로워지는 것 같지 않고 그 자리에 머물러 있는 것 같은가? 재정 상황이 빚의 악순환에 허덕이는가? 변화를 포기하고 싶은 유혹을 느끼는가?

하나님의 백성의 역사 가운데 가장 캄캄하고 슬픈 순간에, 하나님은 그분의 자녀들에게 포기하지 말아야 할 이유를 주신다. 이들이 지혜롭거나 유능하거나 의롭기 때문이 아니다. 하나님은 이들에게 상황을 반전시킬 능력이 있다고 말씀하지 않으신다. 대신 그분의 선지자를 통해, 하나님은 변화의 소망을 단 몇 단어로 전달하신다. "여호와의…긍휼이 무궁하시므로…이것들이 아침마다 새로우니"(애 3:22-23). 우리가 발붙이고 살며 "늘 답답한" 이 세상에서, 소망은 바로 여기에 있다. 하나님의 긍휼은 절대로 낡아지지 않는다. 유통기한이 지나지도 않는다. 절대로 쓸모없지 않다. 절대로 능력을 잃지 않는다. 절대로 고갈되지 않는다. 하나님의 긍휼은 절대로 실패하지 않는다. 하나님의 백성은 아침마다 그날의 시련과 기회, 억압과 의무, 슬픔과 유혹에 딱 맞는 긍휼을 하나님께 받는다. 하나님의 긍휼은 창고에 먼지 쌓인 채 방치되지 않는다. 그게 아니다. 신선한 과일처럼, 하나님의 긍휼은 구주께서 날마다 직접 건네신다. 자녀마다 긍휼을 얻지만, 그날 자신의 필요에 맞는 긍휼을 얻는다.

하나님의 인자(한결같은 사랑)도 절대로 그치지 않으며(애 3:22) 그분의 성실하심이 큰 것도 사실이다(3:23). 그러므로 우리는 하나님 안에서 소망을 품을 이유가 있다. 우리의 소망은 절대 헛되지 않다. 하나님의 긍휼이 언제나 새롭기 때문이다. 하나님의 긍휼이 언제나 새로운 것은 그분의 인자가 절대로 끝이 없기 때문이다. 하나님의 인자가 절대로 끝이 없는 것은 하나님이 성실함 그 자체이시기 때문이다. 매일 새롭고 필요한 모든 긍휼 뒤에, 성실하고 변함이 없으며 그치지 않는 사랑의 하나님이 계시다.

우리 하나님의 새로운 긍휼은 그분의 아들을 선물로 주신 데서 절정에 이른다. 예수님이 사시고, 죽으시고, 부활하신 것은 우리가 필요한 모든 긍휼을 얻도록 하기 위해서다. 내 영혼은 이렇게 노래한다. "여호와는 나의 기업이시니 그러므로 내가 그를 바라리라"(애 3:24).

예수님은 하나님의 새로운 긍휼이며, 구속하고 회복하는 능력으로 그분의 백성과 함께하신다. 그분은 우리와 함께하시며, 우리 안에 거하시고, 무한한 긍휼을 우리에게 베푸신다. 그분은 우리를 막막한 자리에 버려두지 않으신다. 그러므로 우리는 소망을 품을 이유가 있다.

묵상

지난 며칠 동안, 하나님의 인자를 어떤 구체적 방식이나 놀라운 방식으로 경험했는가? 당신을 위한 변함없는 약속을 주신 하나님을 찬양하고, 그분의 사랑 안에서 쉼을 얻어라.

기도

주님, 주님의 긍휼이 어찌 그리 큰지요! 주님께서 주님의 백성에게 베푸시는 인자가 어찌 그리 경이롭고 놀라운지요! 참으로, 주님은 나를 비롯해 주님이 사랑하는 모든 사람에게 단 하루도 빠짐없이 인자를 아낌없이 베푸십니다. 주님은 은혜와 사랑이 넘칩니다. 그러므로 내가 주님 안에서 소망을 품습니다. 주님께서 그리스도 안에서 내게 모든 것을 공급하십니다. 예수님의 이름으로 기도합니다. 아멘.

18일

—

에스겔 37:1-14

**예수님은 부활이요 생명이다. 마른 뼈를
살리실 수 있다. 이것이 가장 좋은 소식이다.**

다음은 유명한 에스겔서 단락으로, "우리는 어디서 소망을 찾아야 하는가?"라는 오래된 질문에 답한다.

또 내게 이르시되 너는 이 모든 뼈에게 대언하여 이르기를 너희 마른 뼈들아 여호와의 말씀을 들을지어다 주 여호와께서 이 뼈들에게 이같이 말씀하시기를 내가 생기를 너희에게 들어가게 하리니 너희가 살아나리라…이에 내가 명령을 따라 대언하니 대언할 때에 소리가 나고 움직이며 이 뼈, 저 뼈가 들어맞아 뼈들이 서로 연결되더라 내가 또 보니 그 뼈에 힘줄이 생기고 살이 오르며 그 위에 가죽이 덮이나 그 속에 생기는 없더라 또 내게 이르시되 인자야 너는 생기를 향하여 대언하라 생기에게 대언하여 이르기를 주 여호와께서 이같이 말씀하시기를 생기야 사방에서부터 와서 이 죽음을 당한 자에게 불어서 살아나게 하라 하셨다 하라 이에 내가 그 명령대로 대언하였더니 생기가 그들에게 들어가매 그들이 곧 살아나서 일어나 서는데 극히 큰 군대더라. (겔 37:4-5, 7-10)

이스라엘은 하나님이 택하셨고, 사랑하셨으며, 인도하셨고, 보호하셨으며, 필요를 채워주신 백성이었다. 그러나 비참한 이스라엘의 역사를 생각할 때, 우리는 이런 질문을 던지게 된다. 반역을 일삼는 이 민족에게 소망은 과연 어디에 있는가? 이들은 아버지를 버리고 다른 신들을 섬겼다. 악한 왕들이 연이어 백성을 잘못된 길로 인도했다. 하나님의 백성은 모든 것을 잃었다. 예루살렘과 성전이 폐허가 되었다. 그러므로 우리는 이렇게 묻는다. 어디서 소망을 찾아야 하는가? 소망을 인간의 의에서 찾을 수 없는 것은 분명하다. 인간의 의는 하나님의 거룩한 기준에 늘 못 미치기 때문이다. 소망을 인간의 지혜에서 찾을 수 없는 것도 분명하다. 인간은 너무나 어리석은 존재이기 때문이다. 소망을 인간의 힘에서 찾을 수 없다. 죄와 유혹 앞에서 인간은 너무나 쉽게 무너지고 연약해지기 때문이다. 소망은 오직 한 곳에서 찾아야 한다. 마른 뼈들을 다시 맞추고 거기에 생명을 불어넣으실 수 있는 하나님의 능력이다. 우리 하나님은 죽은 것을 살리실 능력이 있다. 하나님의 자녀들은 완전히 사라지고 끝난 것처럼 보였다. 그러나 이스라엘을 다스리는 분은 부활을 일으키실 능력이 있는 하나님이셨다.

이 하나님이 우리의 주님이시다. 그분은 우리의 마른 뼈를 되살리고 우리에게 새 생명을 주실 능력이 있다. 마른 뼈들의 골짜기에서처럼, 부활은 하나의 사건이며 과정이 따른다. 은혜로 말미암아 우리가 믿을 때 새 생명으로 되살아난다. 그리고 평생의 과정 속에서, 성화의 은혜를 통해 하나님은 우리 삶의 모든 부분을 부활시키려 일하신다. 예수님은 자신이 부활이요 생명이라고 선언하셨으며, 우리 안에 계시며 우리를 위하여 일하신다.

어디서 소망을 찾아야 하는가? 예수님의 놀라운 부활의 능력 안에서 찾아야 한다. 예수님은 우리에게 충만하고 영원한 생명을 주기 위해 오셨다.

묵상

하나님이 그리스도 안에서 당신에게 새 생명을 주신 것을 어떻게 알 수 있는가? 당신의 생각이나 말이나 관계에서 어떤 증거가 보이는가?

기도

주님, 나의 소망이 내가 제시할 수 있을 그 어떤 의나, 내가 쌓을 수 있을 그 어떤 지혜나, 내가 가질 수 있는 그 어떤 힘에 있지 않다는 사실을 주님의 성경에서 이처럼 분명하게 밝혀주시니 감사합니다. 바싹 말라 으스러질 것 같은 뼈들에게 부활의 생명을 주시는 주님의 능력을 의지하며 쉼을 얻습니다. 내게 새 생명을 불어넣으시는 성령님을 찬양합니다. 참 부활이요 생명이신 예수님을 주시니 감사합니다. 예수님의 이름으로 기도합니다. 아멘.

19일

—

나훔 1:1-8

그 누구도 하나님의 진노에 맞설 수 없다. 그렇기에, 우리는 용서와 화해를 이루는 하나님의 은혜에 감사한다.

아주 짧은 나훔서는 첫머리에서 하나님의 진노를 간담이 서늘하게 묘사한다. 이 묘사는 교훈과 구원의 수단으로 기록되고 보존되었다. 사람들은 구약성경을 읽다가 하나님의 진노에 관한 묘사를 마주할 때, 흔히 하나님의 선하심을 궁금해하거나 심지어 의심하기도 한다. 성경을 읽다 보면, 하나님이 진노를 감추지 않으신다는 사실을 발견하게 된다. 하나님은 자신의 진노를, 마치 수치스러운 성품의 약점이라고 되는 것처럼 부끄러워하지 않으신다. 하나님의 성품에는 그 어떤 결함도 있을 수 없다. 하나님이 온전히 거룩하다면—그분은 참으로 거룩하시다—그분의 진노는 그분의 거룩함과 모순되는 것이 아니라, 오히려 그 거룩함의 한 면이다. 하나님은 온전히 거룩하신 동시에 죄라는 엄청난 악을 용납하실 수 없다. 누군가 당신에게 죄를 지었을 때, 주변 사람들이 개의치 않던 순간을 떠올려 보라. 그때 당신의 마음은 어떠했는가? 죄에 대한 하나님의 끝없는 진노는 그분이 얼마나 거룩하시고 선하신지를 끊임없이 보여주는 증거다.

하나님이 죄를 향한 진노를 거듭 드러내시는 데는 합당한 이유가 있다. 첫째, 죄를 향한 하나님의 진노는 죄가 얼마나 악하고 파괴적인지를 우리에게 상기시킨다. 우리는 이러한 일깨움이 필요하다. 우리의 눈에, 죄가 언제나 죄악되게 보이지는 않기 때문이다. 죄를 향한 하나님의 진노는 죄를 절대로 가볍게 여기거나 부인하지 말고 죄를 피해 그분의 은혜로운 품으로 달아나라는 부르심이기도 하다. 또한 하나님이 죄를 향한 진노를 드러내심은 죄가 영원히 패배하게 될 최종적 정의가 반드시 임할 것이라는 소망을 우리에게 주시기 위해서다. 더 나아가 하나님이 죄를 향한 진노를 드러내심은 그분의 명령에 담긴 구원하는 지혜를 우리가 사랑하게 하시기 위해서이기도 하다. 하나님이 죄를 향한 진노를 드러내심은 우리가 그분의 거룩하심을 경외하고 그분에게 합당한 예배를 드리게 하시기 위해서다. 그러나 무엇보다도, 하나님이 자신의 진노를 드러내려 하심은 우리의 시선을 예수님께로 향하게 하시기 위해서다. 예수님의 완전히 의로운 삶과 대속의 죽음과 승리의 부활을 통해, 하나님의 진노가 만족되고 우리가 더는 그 진노의 위협 아래 있지 않다. 예수 그리스도의 십자가에서, 죄를 향한 하나님의 거룩한 진노와 그분의 부드러운 은혜의 마음이 만났다. 예수님이 죽으심은 하나님이 은혜를 베풀기 위해 결코 그분의 거룩을 타협하실 수는 없었기 때문이다.

그러므로 우리는 "누가 능히 그의 분노 앞에 서며 누가 능히 그의 진노를 감당하랴"(나 1:6)는 말씀을 읽을 때, 우리가 사랑받고 있다는 것을 안다. 하나님은 우리에게 경고하신다. 죄를 심각하게 여기고, 절대로 죄를 아름답게 보지 말며, 절대로 스스로의 힘으로 죄를 향한 하나님의 진노에서 벗어날 수 있다고 생각하지 말라는 것이다. 이 말씀을 통해 하나님은 우리에게 주 예수 그리스도의 대속 사역이 얼마나 절실한지 사랑으로 일깨우신다. 그리스도께서 우리의 죄를 지셨다. 그리스도께서 하나님의 진노를 친히 받으셨고, 아버지께 버림받음을 견뎌내셨다. 그분이 이 모든 일을 하심은 우리가 하나님과 영원히 화목되게 하시기 위해서다.

묵상

오늘 본문에 묘사된 진노와 동일한 종류의 진노를 우리가 우리의 죄 때문에 받아 마땅하다는 사실을 깨달을 때, 당신의 마음은 어떠한가? 바로 이 진노를 예수님이 십자가에서 우리를 대신해 받으셨다는 사실을 깨달을 때, 그 마음은 어떻게 달라지는가?

기도

거룩하신 아버지, 죄의 달콤한 매력에 넘어가기가 얼마나 쉬운지요. 그림처럼 생생한 주님의 말씀으로 죄가 참으로 악하고 파괴적임을 일깨워주시니 감사합니다. 주님의 백성이 죄를 피해 주님의 품으로 달아나게 해 주십시오. 악과 죄를 심판해 주시니 감사합니다. 나의 죄를 십자가에서 심판해 주시니 감사합니다. 십자가에서, 아버지의 완전한 거룩하심과 완전한 은혜가 만났습니다. 예수님의 희생에 감사드립니다. 예수님의 이름으로 기도합니다. 아멘.

20일

—

스가랴 9:9-17

성경은 이야기 선집이 아니다. 성경은 통일된 하나의 이야기다. 성경은 서로 동떨어진 약속들을 추려놓은 모음집이 아니다. 성경은 하나같이 예수님 안에서 성취되는 약속들의 집합이다.

매일 성경을 손에 들고 읽을 때, 자신이 무엇을 들고 있는지 알아야 한다. 성경은 단순히 일상생활을 위한 도덕적 교훈을 담은 이야기 모음이 아니다. 성경은 단순히 더 잘 살게 하는 지혜 모음도 아니다. 성경은 조직신학 교과서도 아니다. 성경은 하나님의 웅장한 구속 계획 이야기다. 성경은 많은 장으로 구성된 하나의 이야기, 곧 통일된 하나의 이야기다. 성경에 대해 말할 때, 성경은 하나님의 웅장한 구속 이야기이며 그분의 설명과 적용이 담겨 있다고 말하는 것이 가장 좋을 것이다. 성경은 어떻게 이 세상이 창조되었고, 어떻게 죄가 이 세상에 들어와 이 세상을 훼손했으며, 어떻게 이

것이 회복되고, 이 모두의 최종 결말이 어떠할지에 관한 이야기를 들려준다. 성경의 주인공은 하나다. 구약성경은 그분을 예언하고, 신약성경은 그분의 삶과 사역을 기록하며, 서신서는 그분의 사역을 설명한다. 성경은 예수님의 전기다.

성경을 읽을 때, 성경의 통일성을 염두에 두어야 한다. 성경의 통일성이 분명하게 드러나는 곳 가운데 하나가 스가랴서다. 스가랴서는 신약성경 저자들이 가장 많이 인용하는 구약성경의 책 가운데 하나다. 성령의 감동으로, 신약성경 저자들은 이스라엘에게 주어진 수많은 예언이 예수님의 오심과 그분의 위격(his person)과 그분의 구속 사역을 가리키며, 그 안에서 최종적으로 성취될 것임을 알았다. 이들은 이러한 구절들이 구약 시대에 부분적으로 성취된 것이 이야기의 끝이 아니라는 사실도 알고 있었다. 이들이 성령의 인도를 받아 구약성경에서 예수님을 보았다면, 우리도 그래야 한다.

예수님 안에서 궁극적으로 성취된 가장 놀랍고 구체적인 구절 가운데 하나가 스가랴 9장에 나온다.

시온의 딸아 크게 기뻐할지어다
예루살렘의 딸아 즐거이 부를지어다

보라 네 왕이 네게 임하시나니

그는 공의로우시며 구원을 베푸시며

겸손하여서 나귀를 타시나니

나귀의 작은 것 곧 나귀 새끼니라. (슥 9:9)

마태는 예수님이 예루살렘에 입성하시는 장면에서 이 구절을 인용하는데, 예수님은 예루살렘에서 자신이 짓지 않은 죄에 대해 재판을 받으시고, 우리의 죄를 위해 고난받고 죽으셨으며, 다시 살아나 하늘에 올라 아버지 오른편에 앉으셨다(마 21:5). 예수님은 겸손한 왕이다. 그분이 오신 것은 지상 나라를 건설하기 위해서가 아니라, 고난받고 죽으심으로 모든 믿는 자의 마음에 그분의 나라가 임하고, 마침내 그분의 최종 나라가 임하게 하시기 위해서다. 스가랴는 약속된 땅의 왕 그 이상을 말한다. 그는 만왕의 왕을 말한다. 그 왕은 희생제물인 어린양(Lamb of sacrifice)이기도 하다. 여기 구약성경의 마지막 몇 구절 속에는 복음의 소망이 있다. 우리는 이생과 내세에 소망이 있음을 확신한다. 그 소망은 바로 예수님이다.

묵상

어떤 면에서, 십자가는 예수님의 사역, 곧 영원한 나라를 세우는 사역의 일부였는가?

기도

주권자 하나님, 온유한 왕이 오셔서 그분의 백성을 다스리시리라는 예언을 기뻐합니다. 예수님의 모습으로 오셔서 다스려 주시니 감사합니다. 오래전에 예언된 분이 다시 오셔서 그분의 영원한 통치를 시작하실 것을 알기에, 소망과 확신이 넘치게 해 주십시오. 그분의 오심을 기다릴 때 큰 기쁨을 주십시오. 예수님의 이름으로 기도합니다. 아멘.

21일

요한복음 11:17-44

**죽음과 슬픔에 에워싸였을 때, 예수님은 선포하신다.
"나는 부활이요 생명이다."**

성경에 익숙한 사람은 누구나 죽은 나사로가 살아난 이야기를 안다. 요한은 자신의 복음서에서 이 놀라운 이야기를 길게 들려준다. 그러나 여기서는 나사로가 죽은 지 나흘 후에야 예수님이 마침내 등장해 마르다와 나누신 대화에 초점을 맞추고자 한다. 많은 유대인에게 이 넷째 날은 중요했다. 이날은 나사로가 완전히 죽었음이 공식적으로 확인되는 시점을 의미했기 때문이었다.

예수께서 와서 보시니 나사로가 무덤에 있은 지 이미 나흘이라 베다니는 예루살렘에서 가깝기가 한 오 리

쯤 되매 많은 유대인이 마르다와 마리아에게 그 오라비의 일로 위문하러 왔더니 마르다는 예수께서 오신다는 말을 듣고 곧 나가 맞이하되 마리아는 집에 앉았더라 마르다가 예수께 여짜오되 주께서 여기 계셨더라면 내 오라버니가 죽지 아니하였겠나이다 그러나 나는 이제라도 주께서 무엇이든지 하나님께 구하시는 것을 하나님이 주실 줄을 아나이다 예수께서 이르시되 네 오라비가 다시 살아나리라 마르다가 이르되 마지막 날 부활 때에는 다시 살아날 줄을 내가 아나이다 예수께서 이르시되 나는 부활이요 생명이니 나를 믿는 자는 죽어도 살겠고 무릇 살아서 나를 믿는 자는 영원히 죽지 아니하리니 이것을 네가 믿느냐 이르되 주여 그러하외다 주는 그리스도시요 세상에 오시는 하나님의 아들이신 줄 내가 믿나이다. (요 11:17-27)

마르다가 예수님께 한 첫 마디는 예수님의 능력을 직접 목격한 사람이 할 법한 말이다. "주께서 여기 계셨더라면 내 오라버니가 죽지 아니하였겠나이다." 예수님의 대답은 분명하고 단호하다. "네 오라비가 다시 살아나리라." 이 말씀에 조금의 머뭇거림이나 모호함도 없다. 마르다는 예수님의 말씀을 오해한다. 예수님은 지금 일어날 일을 선언하고 계셨지만, 마르다는 그분의 말씀을 미래의 약속으로 받아들였다. 예수님은 최종 부활을 말씀하신 것이 아니라, 지금 나사로에게 행하시려는 일을 말씀하셨다. 하나님의 아들은 자신을 알고, 자신에게 어떤 권능이 있는지 정확히 아셨다.

이어진 예수님의 말씀은 참으로 아름답다. 그분은 자신이 누군지 선언하시고, 더불어 복음의 소망을 간략하게 선언하신다. "나는 부활이다." 그리고 "나는 생명이다." 부활 능력과 영생을 주시는 일은 예수님과 분리될 수 없이 연결되어 있으며, 다른 누구와도 연결되어 있지 않다. 그러나 예수님은 여기서 그치지 않으신다. 뒤이어 이렇게 말씀하신다. "나를 믿는 자는 죽어도 살리라."

여기 은혜의 복음이 있다. 우리는 모두 죄 가운데 죽은 상태로 태어난다. 이 상태를 벗어날 수 없다. 은혜로 말미암아 예수님이 모든 믿는 자에게 생명을 불어넣으신다. 신자들은 여전히 육체적으로 죽음을 맞이하지만, 다시 살아나 그분과 함께 영원히 살 것이다. 나사로의 무덤 앞에서, 예수님은 자신에게 있는 부활 능력을 우리에게 선포하고 계신다.

묵상

당신이 이 세상에서 하루하루 고군분투하며 살아갈 때, 예수님이 마리아와 마르다에게 하신 말씀이 어떻게 소망으로 당신을 채우는가?

기도

하나님, 주님과 주님의 말씀을 거슬러 지은 죄를 고백합니다. 내가 나의 창조자요 주님께 맞서 온갖 방법으로 반역했기에, 내게 마땅한 것은 죽음뿐임을 인정합니다. 그래서 그리스도 안에서 내게 베푸신 은혜로 인해 경외함과 감사함으로 엎드립니다. 그리스도께서 내게 생명을 불어넣으셨고 그분 안에서 영생을 약속하셨습니다. 그리스도의 부활 능력을 찬양합니다! 예수님으로 인해 감사합니다. 예수님의 이름으로 기도합니다. 아멘.

22일

—

시편 51:1-19

하나님께 드릴 수 있는 가장 귀한 간구 가운데

하나는 정결한 마음을 구하는 것이다.

시편 51편은 고백과 회개의 아름다운 기도다.

우슬초로 나를 정결하게 하소서 내가 정하리이다

나의 죄를 씻어 주소서 내가 눈보다 희리이다

내게 즐겁고 기쁜 소리를 들려 주시사

주께서 꺾으신 뼈들도 즐거워하게 하소서

주의 얼굴을 내 죄에서 돌이키시고

내 모든 죄악을 지워 주소서

하나님이여 내 속에 정한 마음을 창조하시고

내 안에 정직한 영을 새롭게 하소서. (시 51:7-10)

다윗은 간음죄와 살인죄를 지은 후 이 시편을 썼다. 그는 이 시편에서 변명하지 않고, 자신이 저지른 일을 가볍게 여기거나 다른 사람에게 책임을 떠넘기지 않으며, 자신이 의롭다고 주장하지도 않는다. 1-6절에서, 다윗은 자신의 죄를 인정하며, 자신이 단지 하나님의 율법을 어긴 것이 아니라 하나님께 죄를 지었다고 고백한다. 이것이 진정한 고백이다. 그러나 7절에서, 시편은 방향이 바뀐다.

다윗은 자신에게 단지 유혹의 문제나 행동의 문제만 있었던 것이 아니라, 마음의 문제가 있었다는 것을 깨닫는다. 다윗의 마음이 이미 가 있는 곳에 그의 행동이 뒤따라갔다. 그래서 다윗은 오직 하나님만 주실 수 있는 용서, 마음을 깨끗하게 하는 용서가 필요했다. 다윗의 문제는 밧세바가 아름다웠다는 데 있었던 것이 아니다. 진짜 문제는 그 아름다움을 깨끗하지 못한 마음으로 바라보았다는 것이다. 그래서 다윗은 스스로 창조할 수 없는 것, 하나님의 개입이 반드시 필요한 것을 위해 기도한다. 바로 깨끗한 마음이다.

그러나 다윗은 또 다른 것을 구한다. 그는 이렇게 기도한다. "주께서 꺾으신 뼈들도 즐거워하게 하소서." 다윗은 하나님이 우리의 마음을 회복하시고 정결하게 하시려고 종종 우리를 아픔과 고난의 길로 인도하신다는 것을 인정한다. 하나님은 우리 스스로 할 수 없는 일을 하신다. 다시 말해, 우리 안에 깨끗한 마음을 창조하신다. 다윗은 여기서 하나님의 은혜 망치에 대해 말하고 있다. 은혜는 언제나 시원한 음료나 부드러운 베개는 아니다. 하나님의 은혜는 종종 우리를 어려움과 아픔 가운데로 이끈다. 하나님이 악하시거나 사랑이 부족해서가 아니라 우리의 마음을 되찾으시기 위해서다. 그래서 완전한 구속의 사랑 안에서, 하나님은 우리의 마음과 예배를 사로잡고 있던 것들을 우리의 삶에서 꺾으실 때가 있다. 하나님 앞에서 정결한 마음을 갖는 아름다움은, 우리를 정결하게 하고 자유롭게 하기 위해 꺾여야 했던 뼈들보다 훨씬 소중하다.

모든 시편처럼, 시편 51편도 우리의 시선이 예수님을 향하게 한다. 하나님은 기꺼이 그분의 아들을 상하게 하시고, 꺾으시며, 희생하셨다. 우리가 그리스도 안에서 하나님 앞에 완전히 깨끗한 상태로 설 수 있게 하시기 위해서다. 이제 하나님은 우리가 그분 앞에서 법적으로만 깨끗할 뿐 아니라 실제로 깨끗해지도록 일하신다. 하나님은 그분의 자녀 하나하나의 마음 구석구석에서 죄가 마지막 한 점마저 제거될 때까지 쉬지 않으실 것이다. 이 얼마나 놀라운 은혜인가!

예수님은 전혀, 단 한 번도 죄를 짓지 않으셨는데도, 어떻게 시편 51편에 담긴 다윗의 고백을 체현하셨는가? 이 사실을 깨닫는 것이 복음을 더 잘 이해하고 감사하는 데 어떻게 도움이 되는가?

기도

하늘에 계신 아버지, 내게 통찰력을 주셔서 나의 모든 죄가 무엇보다도 주님께 지은 죄임을 깨닫게 해 주십시오. 나의 죄를 가볍게 여기지 않고, 다른 사람들에게 책임을 떠넘기지도 않도록 도와주십시오. 나의 모든 죄가 예수님의 피로 깨끗이 씻어졌다는 확신을 갖게 하시니 감사합니다. 예수님이 그분의 소중한 백성 모두를 위해 이루신 속죄 사역으로 인해 감사합니다. 오직 그분을 통해서만 주님께 나올 수 있습니다. 예수님의 이름으로 기도합니다. 아멘.

23일

마태복음 26:14-29

예수님은 여러 세대에 걸쳐 이어져 온 유월절 소망의 성취다. 예수님 자신이 유월절 어린양이기 때문이다.

출애굽기 12장은 첫 유월절을 위한 하나님의 계획을 기록하고 있다.

이것이 여호와의 유월절이니라 내가 그 밤에 애굽 땅에 두루 다니며 사람이나 짐승을 막론하고 애굽 땅에 있는 모든 처음 난 것을 다 치고 애굽의 모든 신을 내가 심판하리라 나는 여호와라 내가 애굽 땅을 칠 때에 그 피가 너희가 사는 집에 있어서 너희를 위하여 표적이 될지라 내가 피를 볼 때에 너희를 넘어가리니 재앙이 너희에게 내려 멸하지 아니하리라. (출 12:11-13)

하나님은 그분의 백성을 애굽의 종살이에서 구해내고 계셨다. 전능한 능력을 펼쳐 이들을 400년 넘게 겪은 고통으로부터 건져내고 계셨다. 하나님이 이들을 건져내는 마지막 행동은 애굽 땅의 모든 집에서 장자를 치는 것이었다. 그러나 문설주에 피를 바른 이스라엘 백성의 집은 예외였다. 구속하는 은혜의 표시 때문에, 하나님은 그들의 집을 넘어가셨고, 이스라엘 자녀들은 살아남아 종살이에서 해방되었다.

제자들은 예수님과 함께 유월절을 지키러 모였을 때, 이 절기가 유대인들이 대대로 지켜온 방식과 전혀 다르지 않을 거라 예상했다. 그러나 그날 밤, 유월절에 관한 제자들의 이해가 완전히 바뀐다.

그들이 먹을 때에 예수께서 떡을 가지사 축복하시고 떼어 제자들에게 주시며 이르시되 받아서 먹으라 이것은 내 몸이니라 하시고 또 잔을 가지사 감사기도 하시고 그들에게 주시며 이르시되 너희가 다 이것을 마시라 이것은 죄 사함을 얻게 하려고 많은 사람을 위하여 흘리는 바 나의 피 곧 언약의 피니라 그러나 너희에게 이르노니 내가 포도나무에서 난 것을 이제부터 내 아버지의 나라에서 새것으로 너희와 함께 마시는 날까지 마시지 아니하리라 하시니라. (마 26:26-29)

이 말씀을 통해 예수님은 제자들에게 알려주신다. 첫 유월절과 이후 모든 유월절이 자신을 가리킨다는 것이다. 예수님은 조상들이 겪은 육체적 종살이보다 깊은 형태의 종살이가 있다는 것을 제자들이 알길 원하셨다. 이 종살이는 애굽의 종살이보다 무한히 더 비극적이며 훨씬 더 큰 고통을 일으킨다. 이 종살이는 보편적이다. 다시 말해, 그 누구도 이 종살이를 면하지 못한다. 이 더 깊은 종살이는 모든 사람의 마음이 죄에 사로잡혀 있는 상태를 말한다. 예수님은 모든 희생제물의 어린양이 자신을 가리킨다는 것을 제자들이 알길 원하신다. 예수님은 이렇게 말씀하고 계신다. "내가 희생제물의 마지막 어린양이며, 내가 나의 죽음으로 죄의 권세를 깨뜨리고 나를 믿는 모두를 위한 용서를 이루리라."

우리 모두가 직면해야 하는 나쁜 소식은 죄가 우리 모두를 사로잡고 있다는 사실이다. 죄는 언제나 우리를 종으로 만들고 결국 죽음으로 이끈다. 그러나 좋은 소식이 있다. 예수님이 값을 치르고 우리의 자유와 용서를 사신 유월절 어린양이라는 사실이다. 그분을 신뢰하는 것이 마땅하다.

묵상

예수님은 이미 당신의 삶에서 어떤 죄로부터 당신을 자유하게 하셨는가? 아직 이루어져야 할 일을 묵상하고, 예수님이 성령과 말씀으로 그 일을 계속하시기를 기도하라.

기도

주님, 그 옛날의 애굽 사람들처럼 내게도 죽음이 마땅함을 고백합니다. 나는 나의 죄 때문에 벌을 받아 마땅합니다. 나는 주님께서 넘어가실만한 사람이 아닙니다. 나는 그럴 자격이 없습니다. 그러나 주님께서 그리스도 안에서 내게 베푸신 풍성한 자비와 용서를 한껏 누립니다! 주님께서 나와 나의 죄를 넘어가시고, 대신 나의 죄를 십자가에서 주 예수 그리스도께 지우신 것을 기뻐합니다. 그리스도께서 맞으신 속죄의 죽음과 능력의 부활 때문에 나를 죄의 종살이에서 자유하게 하셨으니 감사합니다. 예수님의 이름으로 기도합니다. 아멘.

24일

요한복음 17:1-26

누군가 당신에게 하나님이 당신을 얼마나 사랑하시는지 묻는다면, 당신은 어떻게 답하겠는가?

영상으로 할머니와 통화하던, 거의 세 살이 된 손녀가 나와 통화를 하고 싶다고 했다. 손녀가 휴대전화 화면에서 내 얼굴을 보더니 환하게 웃으며 옹알거렸다. 나는 손녀가 하는 말의 절반도 채 이해하지 못했다. 마침내, 전화를 끊어야 할 시간이 되어, 끊기 전에 나는 사랑한다고 말해주었다. 손녀는 씽긋 웃으며 "할아버지, 나도 사랑해요!"라고 했다. 이 몇 초가 우리 둘 모두에게 의미가 깊었다. 어린 작은 소녀도, 그리 젊지 않은 한 남자도, 둘 다 사랑을 갈망한다. "사랑해요"라는 말을 들을 때, 우리의 마음속에서는 분명 어떤 변화가 일어난다.

사랑받고 싶은 갈망은 누구에게나 있다. 누구든, 어디에 살든, 사랑은 모든 사람을 하나로 이어준다. 이 갈망은 우리의 창조자께서 우리 마음에 두셨다. 그분은 우리를 지으실 때 이 갈망을 우리 안에 두셨고, 우리를 그분과의 사랑의 관계로, 또 서로를 사랑하는 공동체로 이끄신다. 그러나 사랑을 향한 우리의 갈망은 두려움도 낳는다. 우리는 사랑을 갈망할 뿐 아니라, 우리를 사랑한다고 말하는 사람들이 과연 우리를 더 깊이 알게 되더라도 우리를 계속 사랑할지 궁금해하며 불안해한다. 우리가 사람과 사람의 관계에서 이런 의문을 품는다면, 하나님과의 관계에서는 더더욱 궁금하지 않겠는가? 하나님은 우리를 얼마나 사랑하시는가? 하나님의 사랑에 한계가 있는가? 하나님의 사랑은 정말로 성실하고 인내하며 영원한 사랑인가? 하나님은 우리를 향한 헌신의 약속을 깨뜨리신 적이 있는가? 하나님은 우리를 사랑하기로 선택하신 것을 후회하신 적은 없는가? 죄를 향한 하나님의 진노가 우리를 향한 그분의 사랑을 가로막지는 않는가?

기록된 예수님의 마지막 기도 가운데 하나에서, 이 모든 질문의 답이 간결하게 제시된다. 요한복음 17장에서, 예수님은 제자들의 하나됨을 위해 기도하신다. 우리의 마음에 영원한 안식과 평화를 안겨주길 바라며 자신의 사랑을 말씀하신다. "내가 그들 안에 있고 아버지께서 내 안에 계시어 그들로 온전함을 이루어 하나가 되게 하려 함은 아버지께서 나를 보내신 것과 또 나를 사랑하심 같이 그들도 사랑하신 것을 세상으로 알게 하려 함이로소이다"(요 17:23). 우리를 향한 하나님의 사랑에 관한 이 선언은 유한한 인간의 머리로 이해하지 못할 만큼 더없이 영광스럽다. 이것은 우리가 지금껏 했던 그 어떤 사랑의 경험과도 다르며, 따라서 우리는 이 사랑의 아름다움과 범위를 온전히 파악할 수 없다. 우리를 향한 하늘 아버지의 사랑은 그분의 아들 주 예수 그리스도를 향한 사랑과 동일하다. 그분은 아들을 기뻐하시는 것처럼 우리도 기뻐하신다. 아들을 향한 영원한 헌신을 우리를 향해서도 하신다. 아들을 향한 꺾을 수 없는 사랑을 우리를 향해서도 품으신다. 우리를 향한 하나님의 사랑을 단순히 인간의 사랑에 비유하는 것만으로 그 사랑을 온전히 이해할 수는 없다. 하나님이 당신을 얼마나 사랑하시는지 이해하고 싶다면, 그분이 자기 아들을 얼마나 사랑하시는지 깊이 묵상하라. 당신을 향한 하나님의 사랑은 그분의 아들을 향한 사랑만큼이나 더없이 안전하다. 이것이야말로 가장 좋은 소식이다.

묵상

예수님의 이 기도 속에서 아들을 향한 아버지의 사랑, 그리고 우리를 향한 그분의 사랑이 어떤 방식으로 분명하게 나타나는가? 아버지께서 그분의 백성을 향해 품으시는 사랑의 깊이를 묵상해 보라.

기도

주님의 백성이 드리는 기도에 성실하게 귀 기울이시는 전능하신 주님, 예수님이 오래전 배신당하던 날 밤에 주님께 드리신 기도를 되풀이하는 외에, 내가 무엇을 할 수 있겠습니까? 하나님, 삼위일체 하나님이 하나이듯이, 주님의 백성인 우리도 하나 되게 해 주십시오. 세상이 예수님을 알고, 그분을 세상에 보낸 사랑을 알게 해 주십시오. 예수님 안에서 주님의 백성을 사랑해주시니 감사합니다. 아름다운 예수님의 이름으로 기도합니다. 아멘.

25일

—

누가복음 22:31-62

예수님은 자신을 지키려고 능력을 행사하지 않으셨고,
제자들이 그분을 방어하도록 허락하지도 않으셨다.
그분이 오신 것은 자신의 고난과 죽음을 통해
구원을 이루기 위해서였기 때문이다.

예수님의 생애 마지막 한 주에서, '구속을 위한 신적 절제'(divine, redemptive restraint)가 아주 생생하게 드러난다. 만왕의 왕이요 만주의 주이며 천군천사를 호령하고 무한한 능력을 얼마든지 행사하실 수 있는 분이 스스로 사람에게 배척과 배신과 불의와 고문을 당해 죽으셨다. 예수님은 하나님의 아들로서 자신을 방어할 권리가 있었지만, 그 능력을 사용하지 않으셨다. 제자들이 자신을 보호하기 위해 행동하는 것도 허용하지 않으셨다. 그러나 예수님은 자신이 받은 구속의 소명에 기꺼이 복종하실 때, 사실상 신적 능력을 행사하고 계셨다. 우리라면 누구라도 어느 순간 무너졌을 것이다. 우리라면 누구라도 어느 정도까지만 견딜 수 있었을 것이다. 우리는 모두 벗어나려 했거나 싸워 자신을 지키려 했을 것이다. 그러나 마지막 며칠 동안, 예수님은 한순간도 자신을 보호하려 하지 않으셨다. 고난의 잔이 자신을 지나가길 바라실 때조차, 피하려 하지 않으셨고, 자신의 능력을 행사해 자기 생명을 보존하려 하지도 않으셨다. 예수님은 한순간도 자신을 위해 진노하지 않으셨다. 시대를 거쳐 자신을 믿게 될 자들을 구원하기 위해 신적 절제를 끝까지 실천하셨다. 예수님은 어떤 희생이 따르더라도, 자신을 방어하려 하지 않기로 하셨다. 아버지의 뜻을 아셨고 잃은 자를 향한 그분의 사랑을 아셨기 때문이다.

누가복음 22장에서, 누가는 이 장면을 아주 생생하게 묘사한다.

> 내가 너희에게 말하노니 기록된 바 그는 불법자의 동류로 여김을 받았다 한 말이 내게 이루어져야 하리니 내게 관한 일이 이루어져 감이니라
> 말씀하실 때에 한 무리가 오는데 열둘 중의 하나인 유다라 하는 자가 그들을 앞장서 와서 예수께 입을 맞추려고 가까이 하는지라 예수께서 이르시되 유다야 네가 입맞춤으로 인자를 파느냐 하시니 그의 주위

사람들이 그 된 일을 보고 여짜오되 주여 우리가 칼
로 치리이까 하고 그 중의 한 사람이 대제사장의 종
을 쳐 그 오른쪽 귀를 떨어뜨린지라 예수께서 일러
이르시되 이것까지 참으라 하시고 그 귀를 만져 낫게
하시더라 예수께서 그 잡으러 온 대제사장들과 성전
의 경비대장들과 장로들에게 이르시되 너희가 강도
를 잡는 것 같이 검과 몽치를 가지고 나왔느냐 내가
날마다 너희와 함께 성전에 있을 때에 내게 손을 대
지 아니하였도다 그러나 이제는 너희 때요 어둠의 권
세로다 하시더라. (눅 22:37, 47-53)

예수님은 영원한 구속 계획을 아셨다. 십자가가 자
신의 운명이라는 것을 아셨고, 기꺼이 십자가를 지려
하셨다. 기도하러 가신 감람산에서, 제자들이 무기를
들고 자신을 보호하도록 허락하지 않으셨다. 그분은
체포와 그 뒤에 이어지는 모든 고난에 자신을 맡기셨
다. 이러한 모습은 예수님의 연약함이 아니라 신적 능
력을 드러낸다. 예수님은 계획되고 약속된 모든 것을,
오직 우리의 구원을 위해 직접 주관하고 성취하셨다.

묵상

당신이 생각하기에, 왜 예수님은 고난의 잔이 자신에게서 지나가길 바라셨는가? 그분이 끝내 그 잔을 마셨다는 사실은 무엇을 의미하는가?

기도

나의 주님, 내가 감사할 수 있는 이유들 중에 이보다 큰 것은 없습니다. 예수님이 나 같은 죄인들을 구원하려고 기꺼이 십자가를 지셨다는 사실입니다. 그분의 겸손, 그분의 능력, 그리고 죽기까지 주님의 계획에 기꺼이 복종하심에 크게 놀라며 압도됩니다. 예수님이 나의 구원을 위해 성취하신 모든 것으로 인해 주님을 찬양합니다. 예수님으로 인해 감사합니다. 예수님의 이름으로 기도합니다. 아멘.

26일

—

누가복음 23:1-25

**우리가 영원히 받아들여짐을 누리도록,
예수님은 불의와 조롱과 배척을 기꺼이 당하셨다.**

딸이 학교 친구들과 롤러스케이트 파티에 갔었다. 갈 때는 차를 얻어 탔으나 올 때는 태워줄 사람이 필요했다. 그래서 우리는 딸에게 태우러 갈 테니 준비되면 전화하라고 했다. 시간이 되어 딸에게서 전화가 왔는데, 우리에게 안으로 들어오지 말고 주차장에 주차하고 차에서 기다리면 자신이 나와서 우리를 찾아오겠다고 했다. 우리는 딸이 왜 그러는지 알았다. 딸은 우리와 함께 있는 모습을 친구들에게 보이고 싶지 않았다. 그것이 전형적인 십 대의 모습이라는 것을 알았지만, 딸의 말에 마음이 아프지 않았다고 말하면 거짓말일 것이다. 사랑하는 사람이 우리와 함께 있는 것을 난처해

할 때, 우리는 마음이 아프다. 하나님은 우리를 사회적 존재로 계획하셨고, 그래서 우리는 받아들여지길 갈망한다. 우리는 다른 사람들과 공동체를 이루도록 창조되었다. 우리는 모두 사랑을 갈구하는 마음이 있다. 그 누구도 배척받길 좋아하지 않는다. 조롱받거나 외톨이가 되는 것을 기분 좋게 느끼는 사람도 없다. 이사야 53장은 예수님이 멸시를 받고 배척당하리라고 예언했다. 예수님은 우리와 같은 감정을 지닌 완전한 인간이셨기에, 이러한 멸시와 배척은 우리와 마찬가지로 예수님께도 고통스러운 일이었다. 그러나 예수님은 이러한 멸시와 배척을 기꺼이 당하셨다. 그분은 자신이 무엇을 하러 왔는지 아셨고, 죄가 패배하고 우리가 영원히 하나님과 화목하게 되도록 기꺼이 고난을 감당하셨다. 누가복음 23:18-25은 예수님의 삶에서 일어난 이러한 배척의 장면 가운데 하나를 기록한다.

무리가 일제히 소리 질러 이르되 이 사람을 없이하고 바라바를 우리에게 놓아 주소서 하니 이 바라바는 성중에서 일어난 민란과 살인으로 말미암아 옥에 갇힌 자러라 빌라도는 예수를 놓고자 하여 다시 그들에게 말하되 그들은 소리 질러 이르되 그를 십자가에 못 박게 하소서 십자가에 못 박게 하소서 하는지라 빌라도가 세 번째 말하되 이 사람이 무슨 악한 일을 하였느냐 나는 그에게서 죽일 죄를 찾지 못하였나니 때려서 놓으리라 하니 그들이 큰 소리로 재촉하여 십자가에 못 박기를 구하니 그들의 소리가 이긴지라 이에 빌라도가 그들이 구하는 대로 하기를 언도하고 그들이 요구하는 자 곧 민란과 살인으로 말미암아 옥에 갇힌 자를 놓아 주고 예수는 넘겨주어 그들의 뜻대로 하게 하니라.

이 장면은 너무나 가슴이 아파, 쉽게 이해하기조차 어렵다. 완전하신 예수님, 그 어떤 죄도 없는 분이 빌라도에게 재판을 받으시며, 빌라도는 그분에게서 아무 잘못도 찾아내지 못한다. 그러나 무리는 예수님에게 유죄 판결을 내리고, 대신에 반란을 일으키고 살인을 저지른 바라바를 풀어주길 빌라도에게 요구했다. 생각해 보라. 무리가 하나님의 영원히 완전하신 아들 대신 포악한 범죄자를 선택했던 것이다.

이렇게 공개적으로 배척받는 순간은 하나님의 계획이 실패했다는 뜻이 아니다. 그게 아니었다. 이것은 오래전부터 예언된 하나님의 계획이었다. 예수님이 십자가에서 대속의 죽음으로 승리하시는 데 꼭 필요한 단계였다. 예수님은 구속의 사명을 성취하는 데 필요한 모든 것을 아무리 고통스럽더라도 기꺼이 감당하려 하셨다. 그분이 배척당하심은 우리가 영원히 받아들여지는 데 필요한 단계였다. 오늘 우리 각 사람에게 이것은 참으로 기쁜 소식이다.

묵상

왜 무리는 예수님이 십자가에 못 박히길 원했는가? 예수님의 진정한 정체성과 사명에 비춰볼 때, 왜 이것이 아이러니인가?

기도

의로우신 하나님, 나는 나의 죄 때문에 주님께 거절당해 마땅한 존재임을 고백합니다. 나는 나의 악과 반역 때문에 주님 앞에서 영원히 쫓겨나고 영원히 벌을 받아야 마땅합니다. 그러나 나의 죄 때문에 배척당하고 버림받으시고, 하나님과 우리를 향한 사랑 때문에 이것을 기꺼이 받아들이신 예수 그리스도의 복음을 붙잡습니다. 참으로 놀라운 이 소식에 감사합니다. 예수님의 이름으로 기도합니다. 아멘.

27일

——

마가복음 15:19-32

**고문당하고 조롱받으시는 순간에도,
예수님은 우리를 위해 신적 능력을 행사하셨다.**

예수님의 마지막 날들 가운데 이 순간은 겉으로 보기에는 패배의 순간으로 보일 수도 있다.

군인들이 예수를 끌고 브라이도리온이라는 뜰 안으로 들어가서 온 군대를 모으고 예수에게 자색 옷을 입히고 가시관을 엮어 씌우고 경례하여 이르되 유대인의 왕이여 평안할지어다 하고 갈대로 그의 머리를 치며 침을 뱉으며 꿇어 절하더라 희롱을 다 한 후 자색 옷을 벗기고 도로 그의 옷을 입히고 십자가에 못 박으려고 끌고 나가니라 (막 15:16-20)

이 구절을 읽으며 이렇게 생각할지도 모른다. 예수님의 능력은 어디에 있었을까? 왜 예수님은 아무것도 하지 않으신 걸까? 왜 예수님은 그 능욕을 고스란히 당하신 걸까? 어떤 사람들은 이 순간을 보며, 이 사람이 하나님의 아들, 약속된 메시아일 리가 없다고 결론지었다. 왜 예수님은 천군천사를 불러내려 신성모독하며 고문하는 자들을 처리하지 않으셨을까? 어떻게 자신의 신적 왕권이 조롱받도록 두실 수 있었을까?

그러나 우리가 알듯이, 이것은 연약함의 순간과는 거리가 멀었다. 예수님은 자신을 미워하고 해하려는 사람들에게 무력하게 굴복하고 계셨던 것이 아니다. 오히려 이 순간, 예수님은 자신의 영원한 구속 계획에 전념하셨고, 자신이 무엇을 하고 있는지 정확히 아셨다. 곁길로 빗나가길 거부하셨다. 일어나 자신을 방어하려 하지 않으셨다. 조롱이나 육체적 고통에 굴복해 대속의 사명을 포기하려 하지 않으셨다. 예수님은 자신의 즐거움이나 위로나 환호를 위해 이 땅에 오신 것이 아니었다. 그분은 자신을 구하기 위해 굴복할 수 없었다. 자신의 고난을 통해, 많은 사람을 구원하려 하셨기 때문이다. 예수님이 이러한 능욕에 보이신 반응으로 그분의 정체성이 조롱당한 것이 아니다. 이것이 그분의 정체성 자체였다(사 53장을 보라).

우리는 겉으로 보이는 연약함 너머를 보고, 예수님의 신적 능력에 압도되어야 한다. 우리가 여기서 목격하는 것은 패배와 연약함의 모습이 아니라 구속의 승리와 능력이 드러나는 장면이다. 예수님은 자신의 고난이 아버지께서 세상이 시작되기 전에 세우신 계획의 일부임을 아셨다. 자신의 고난으로 드러날 영광스러운 은혜를 아셨다. 예수님은 그곳에 서서, 모든 시대와 모든 방언과 모든 민족 가운데서 구속받아 예배하게 될 수많은 무리를 마음에 품고 계셨다. 당신과 나를 위해 고문과 조롱을 견디셨다. 패배로 보였던 것이 그분의 놀라운 구속 사명이 성공을 향해 나아가는 또 하나의 걸음이었다. 예수님의 능력은 분명히 드러났으며, 그분의 능력은 우리의 소망이다.

이제 은혜로 말미암아, 그 동일한 능력이 하나님의 자녀인 우리의 것이 되었다. 우리는 그분의 능력과 승리 안에 서 있다. 그리스도 안에서, 우리는 조롱과 고난 앞에서도 진실하게 서 있을 힘을 받았다. 조롱당할 때, 우리는 두려워하거나 보복할 필요가 없고, 대신 예수님이 하신 것처럼 할 수 있다. 우리의 하늘 아버지께서 마지막에 우리를 옳다고 인정해 주실 것을 알기에, 그분의 돌보심에 우리 자신을 맡길 수 있다.

묵상

어떻게 예수님의 능력이 우리 같은 죄인들에게 소망의 근원인가?

기도

하늘에 계신 아버지, 십자가로 인해 감사합니다. 주님의 아들이 죽음과 악과 죄와 사탄을 이기셨으니 감사합니다. 나의 모든 죄를 십자가에 못 박아주신 은혜에 감사합니다. 예수님이 십자가에서 이루신 일에서 내가 힘을 얻게 해 주십시오. 구속의 승리와 능력을 이와 같이 드러내시고, 나를 비롯해 주님께로 이끌 모두를 위해 고난 받으신 분을 향한 경외감으로 나의 영혼을 채워주십시오. 귀하신 예수님의 이름으로 기도합니다. 아멘.

28일

마태복음 27:45-54

**우리를 대신해, 예수님이 아버지께
철저히 버림받으셨다.**

마태복음 27장은 예수님이 십자가에 달려 고난당하시
는 어둡고 끔찍한 순간을 기록한다.

제육시로부터 온 땅에 어둠이 임하여 제구시까지 계
속되더니 제구시쯤에 예수께서 크게 소리 질러 이르
시되 엘리 엘리 라마 사박다니 하시니 이는 곧 나의
하나님, 나의 하나님, 어찌하여 나를 버리셨나이까 하
는 뜻이라 거기 섰던 자 중 어떤 이들이 듣고 이르되
이 사람이 엘리야를 부른다 하고 그 중의 한 사람이
곧 달려가서 해면을 가져다가 신 포도주에 적시어 갈
대에 꿰어 마시게 하거늘 그 남은 사람들이 이르되

가만 두라 엘리야가 와서 그를 구원하나 보자 하더라 예수께서 다시 크게 소리 지르시고 영혼이 떠나시니라. (마 27:45-50)

물리적 어둠이 세 시간 동안 땅을 뒤덮었다. 이것은 십자가 위의 시간이 실제로 아주 캄캄했음을 상징한다. 그렇다. 예수님이 당하신 채찍질은 끔찍했다. 사람들이 그분의 손에 못을 박아 그분을 고깃덩이처럼 십자가에 매달 때, 예수님이 겪으신 고통은 상상할 수조차 없다. 그러나 이러한 육체적 고통 가운데 어느 것도 예수님이 "엘리 엘리 라마 사박다니"라고 외칠 때 겪으신 고통에 비할 수 없었다. 하지만 끔찍하게 어둡고 고통스러운 이 순간은 동시에, 영광스럽고 과분한 은혜의 순간이기도 했다.

예수님은 우리의 대속자로서 완전한 삶을 사셨다. 우리 대신, 우리가 마주하는 모든 유혹을 마주하셨으나 죄는 없으셨다. 우리의 무거운 죄의 짐을 지고 우리의 대속물로서 십자가에 달리셨다. 십자가에 달려, 우리가 받아 마땅한 형벌을 기꺼이 받으셨다. 그러나 우리를 대신해 버림받으실 때, 정서적·영적 고통 속에서 외치셨다. 아버지께서 자신과 아들을 분리하신다는 것은 생각할 수조차 없어 보인다. 삼위일체는 분리

될 수 없다. 그러나 이 외침에서, 인간 예수님은 우리의 구속을 위해 자신이 아버지와 분리되셨다는 사실을 증언하셨다. "나의 하나님, 나의 하나님, 어찌하여 나를 버리셨나이까?"

예수님은 자신이 해야 할 일을 알고 이 땅에 오셨다. 자신이 희생제물인 어린양으로 세상에 왔다는 것을 아셨다. 결정적 구속의 순간이 있을 것이며, 그때 아버지께서 자신을 구하려고 전능한 능력을 사용하지 않으시리라는 것을 아셨다. 인간으로서 예수님은 하늘과 땅 사이에 매달린 채, 철저히 버림받고 홀로 남겨지셨다. 동료 인간뿐 아니라 하늘에 계신 아버지로부터도 버림을 받으셨다. 이것은 꼭 필요했다. 그래야 우리가 스스로 이룰 수 없는 일, 곧 죄의 패배와 용서와 화해가 하나님의 선물로 우리에게 주어질 것이었다.

예수님의 인성(humanity)이 아버지께 버림받았다. 하나님의 은혜의 자녀들이 절대 버림받지 않게 하기 위해서다. 예수님은 기꺼이 철저하게 홀로 남겨지셨다. 우리가 절대 홀로 남겨지지 않게 하기 위해서다. 예수님은 아버지의 진노를 온전히 견디셨다. 그분의 진노가 절대로 우리에게 다시 내리지 않게 하기 위해서다. 오늘, 기뻐하라. 하나님의 자녀로서 우리는 절대 버림받지 않을 것이다. 하늘과 땅 사이에 매달리신 예수님이 이것을 단번에, 영원히 확정지으셨다. 우리를 구속하는 그분의 사랑은 절대 변하지 않을 것이다.

묵상

하나님께 버림받았다고 느낀 적이 있는가? 사실, 예수님을 믿는 자들을 하나님은 절대 버리지 않으신다. 오늘의 본문은 이것을 어떻게 강하게 확증해주는가?

기도

사랑하는 아버지, 나의 구주께서 하신 일을 경외함으로 기뻐합니다. 나는 주님이 택하신 귀한 백성을 대신해 당하신 고통과 아픔을 상상조차 할 수 없습니다. 어떻게 나를 위해 그와 같은 고난을 감당하기로 선택하실 수 있었는지 짐작조차 할 수 없습니다. 그러나 주님은 그렇게 하셨고, 그 때문에 나는 영원히 감사드립니다. 주님이 고난을 통해 죄를 이기시고 용서와 화해를 주셔서 감사합니다. 예수님의 이름으로 기도합니다. 아멘.

29일

시편 22:1-31

**성경은 타락한 세상에서 살아가며 마주치는 온갖
어려움을 생생하게 묘사하며, 하나님이 우리의 고난을
보시고 아시며 이해하신다는 사실을 확증해준다.**

고난이 우리의 문지방을 넘을 때, 즉 예상하지 못한
일, 계획에 없던 일, 원하지 않았던 일 때문에 우리가
약해지고 괴로울 때, 우리는 원수의 거짓말에 귀가 솔
깃해지기 쉽다. 한 가지 거짓말은 우리가 지목되었다
는 것이다. 다시 말해, 우리만 고난을 당한다는 것이
다. 이것은 하나님이 사람을 편애하시며 우리는 그 대
상에 들지 못한다는 거짓말이다. 또 다른 거짓말은 질
문 형태로 찾아온다. "너의 하나님이 지금 어디 계시는
거야?" 이것은 하나님이 우리를 버리셨고 약속을 늘
지키지는 않으신다는 거짓말이다. 우리가 약할 때, 원
수는 주님의 사랑과 선하심과 언약적 신실하심을 우

리가 의심하도록 만들고자 한다. 원수는 우리가 하나님의 선하심을 의심하기 시작하면, 더는 도움을 구하러 그분께 나아가지 않으리라는 것을 안다. 우리가 하나님의 사랑을 의심하면, 믿음으로 그분을 따르지 않게 될 것이다.

성경은 삶에서 직면하는 위험과 어려움과 시련에 대해 솔직하게 말함으로써 이러한 거짓말을 잠재운다. 성경은 우리와 같은 사람들이 발버둥치는 모습을 반복해서 보여준다. 성경은 정제된 삶, 실망과 어려움이 없는 삶을 제시하지 않는다. 그래서 우리는 하나님이 우리가 겪는 일을 보시고, 아시며, 이해하시고, 돌보신다고 확신하게 된다. 하나님은 우리에게 일깨우신다. 그분의 약속이 우리 가운데 그 누구도 발 딛고 살지 않는 비현실의 세계를 묘사하지 않는다는 것이다. 오히려, 하나님은 어려움이 있는 현실의 세계 가운데서 우리에게 소망을 주신다. 성경에서 고난받는 자의 부르짖음이 아주 생생하게 묘사된 곳 가운데 하나가 시편 22편이다.

내 하나님이여 내 하나님이여 어찌 나를 버리셨나이까 어찌 나를 멀리 하여 돕지 아니하시오며 내 신음 소리를 듣지 아니하시나이까

내 하나님이여 내가 낮에도 부르짖고 밤에도
잠잠하지 아니하오나 응답하지 아니하시나이다
나는 물 같이 쏟아졌으며 내 모든 뼈는 어그러졌으며
내 마음은 밀랍 같아서 내 속에서 녹았으며
내 힘이 말라 질그릇 조각 같고 내 혀가 입천장에
붙었나이다 주께서 또 나를 죽음의 진토 속에
두셨나이다. (시 22:1-2, 14-15)

시편 22편은 우리가 어려울 때 몸부림치는 모습을
정확히 묘사할 뿐 아니라, 우리의 부르짖음을 주님께
가지고 나아가도록 우리를 초대한다. 예수님은 이 시
편을 자신에게 적용하시며, 자신이 우리의 고난 가운
데서 우리와 함께하는 분임을 우리에게 일깨우신다(마
27:46; 히 5:7). 그러나 이게 전부가 아니다. 예수님은 세
상에 오셔서 우리를 위해 기꺼이 고난을 받으셨고, 어
느 날 우리가 더는 고난을 받지 않으리라는 보증을 값
주고 사서 우리에게 주셨다. 우리는 지금 고난을 받지
만, 그분 안에서 위로를 얻고 고난에서 영원히 자유로
울 미래를 소망한다.

묵상

예수님의 고난과 죽음과 부활이 시편 22편에 제시된 여러 모형들을 어떻게 성취했는지 깊이 생각해 보라. 자신의 백성을 위해 이 모든 것을 기꺼이 견디신 예수님의 마음을 묵상해 보라.

기도

주님, 멀리 계시지 마십시오! 나의 도움이신 하나님, 속히 오셔서 나를 도와주십시오! 시편 기자가 기도하듯이, 나도 그렇게 기도합니다. 괴로움에 빠진 나를 보고 구하러 와주시니 감사합니다. 예수님이 이 땅에 오셔서 내가 나의 죄 때문에 받아 마땅한 고난을 받으시고, 나를 대신해 죽으시며, 나의 영원한 생명과 기쁨을 위해 다시 살아나셨음을 감사합니다. 예수님의 이름으로 기도합니다. 아멘.

30일

요한계시록 19:1-16

성경 이야기는 식사로 시작하고 식사로 끝난다.

고백하건대, 나는 음식을 사랑한다. 잘 차려진 음식의 아름다움을 사랑한다. 오븐에서 천천히 구워지는 음식의 향기를 사랑한다. 프라이팬에서 음식이 자글자글 튀겨지는 소리도 사랑한다. 열에 음식의 성질이 변하고, 양념이 음식에 풍미를 한층 깊게 만드는 그 음식의 화학작용을 사랑한다. 나는 우리 집 요리사다. 추수감사절 식사와 성탄절 식사를 계획하고 준비하는 일도 즐긴다. 우리 집 근처에 큰 시장이 있다. 그 시장에 상인이 백 명이 넘는다. 육류를 파는 상인이 있고, 생선을 파는 상인이 있으며, 농산물을 파는 상인도 있다. 이 외에도 온갖 상인들이 있어, 원하는 식재료를 무엇이든 살 수 있다. 나는 거의 매일 이 시장을 둘러본다. 이 시장은 나의 음식 박물관이다. 나는 또한 성경 저자들이 자신들의 이야기에서 음식을 자주 말하고, 하나님이 하시는 일을 설명하기 위해 음식을 비유로 자주 사용하는 것을 사랑한다.

놀랍게도, 두 가지 식사가 웅장한 성경 이야기를 앞뒤로 감싼다. 첫 번째는 인류 역사상 가장 비극적인 식사다. 이 식사 전에 긴박한 상황이 펼쳐진다. 하나님이 금하신 것을 먹으라며 사탄이 하와와 아담을 유혹한다. 뱀의 매혹적인 거짓말에, 우리는 "듣지 마!"라고 소리치고 싶다. 아담과 하와가 금단의 열매를 손에 들 때, 우리는 "먹지 마. 먹지 말라고!"라고 소리치고 싶다. 그러나 이들은 결국 먹고 만다. 이 최초로 기록된 식사는 하나님의 권위, 경고, 사랑으로 공급하심에 대놓고 맞서는 반역 행위였다. 첫 한 입을 베어 물 때, 세상의 역사가 캄캄해졌다. 죄가 아담과 하와의 마음에 들어왔을 뿐 아니라 파괴력을 온 우주에 퍼트렸다. 이 식사는 비극이며, 그 결과가 지금도 온 인류에게 미치고 있다.

그러나 감사하게도, 구속 이야기는 또 다른 식사를 향해 나아간다. 이 식사는 비극이 아니라 승리다. 이것은 반역의 식사가 아니라 하나님의 사랑이 드러나는

식사다. 이 식사의 아름다움과 영광이 요한계시록 19
장에 나타난다. "또 내가 들으니 허다한 무리의 음성과
도 같고 많은 물소리와도 같고 큰 우렛소리와도 같은
소리로 이르되 할렐루야 주 우리 하나님 곧 전능하신
이가 통치하시도다"(계 19:6).

마음을 열고 상상력을 한껏 발휘해 이 장면을 그려
보라. 이것은 하나님의 자녀인 우리에게 보장된 운명
이다. 이것은 왕의 혼례 행렬이다. 통치하는 어린양께
서 우리를 자신의 신부로 맞이하시며, 이제 우리는 그
분 앞에서 순결하며 그분과 영원히 함께할 것이다. 천
사가 요한에게 말한다. "기록하라 어린양의 혼인 잔치
에 청함을 받은 자들은 복이 있도다"(계 19:9). 이것은
성경의 마지막 식사다. 죄는 패배했다. 반역의 식사가
더는 없을 것이다. 영원한 잔치가 시작되었다. 하나님
의 자녀들이 어린양과 영원히 연합되었다. 구속이 성
취되었다. 하나님이 승리하셨다!

묵상

요한계시록 19장에 기록된 노래들이 어떻게 예수님의 죽음과 부활을 투영하면서도 그분의 재림을 고대하게 하는가?

기도

할렐루야! 참으로 전능하신 주 하나님, 주님께서 통치하십니다! 주님을 기뻐하고 찬양하며 주님께 영광을 돌립니다. 교회인 우리와 우리의 신랑이신 어린양, 곧 주 예수 그리스도의 영원한 혼인을 기뻐합니다. 그분의 능력과 의로 우리를 준비시키시니 감사합니다. 우리에게 빛나고 깨끗한 세마포 옷을 입히시니 감사합니다. 예수님으로 인해 감사합니다. 예수님의 이름으로 기도합니다. 아멘.

폴트립 부활 복음 묵상
예수 사셨네

초판 1쇄 발행 2026년 2월 13일

지은이 폴 트립
펴낸이 정선숙

펴낸곳 협동조합 아바서원
등록 제 274251-0007344
주소 경기도 고양시 덕양구 향동로217 DMC플렉스데시앙 B1523호
전화 02-388-7944 **팩스** 02-389-7944
이메일 abbabooks@hanmail.net

© 협동조합 아바서원, 2026

ISBN 979-11-90376-93-8 (03230)

"너희는 다시 무서워하는 종의 영을 받지 아니하고 양자의 영을 받았으므로
우리가 아빠(아바) 아버지라고 부르짖느니라"(로마서 8:15)